Pia Deges

girls only

Bastel-FEE

50 zauberhafte Kreativprojekte für Mädchen

Inhalt

Tipps & Tricks für dich 04

Schmücklich

Blümchen-Armreifen 10
Farbtupfer fürs Ohr 12
Schmuckjuwelen 14
Taschenverschönerung 16
Holzige Schmuckstücke 18
Spitzen-Shirt 20
Rüschentüte 22
Eis-Schmuck 24
Handytäschchen mit Hui-Faktor 26
Schnurverschönerung 27

Spielerei

Prinzessinnen-Palast 50
Seifenblasen-Zauberstab 52
Kegelkullerei 54
Löffeldamen 56
Hüpfvergnügen 58
Steckenpferdprinzessin 60
Reise-Tic-Tac-Toe 62

Aufgehübscht

Funkellichterkette 30
Tierische Garderobe 32
Haarspangenhalter 34
Sternenkissen 36
Kuckucksuhr 38
Knallbunter Kartenhalter 40
Schicke Stiftboxen 42
Bunter Wandschmuck 44
Gepimpter Kleiderbügel 46

Geschenkchen

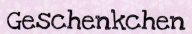

Kullermädchen-Ketten	84
Hübsche Hefte	86
Sternchen-Magnete	88
Glanzlichter	90
Samenbomben	92
Kaugummiautomat	94
Trostpflaster	96
Schmetterlingsstift	98

Lecker

Knabber-Zoo	66
Schokokuss-Eulen	68
Kristall-Lutscher	70
Blütenringe	72
Eiskalte Raketen	74
Tätätätäää-Torte	76
Super Smoothies	78
Schokolöffel	80

Feierei

Ei-Verschönerungswerkstatt	102
Hoppelhasennest	104
Verrückte Küken	106
Überraschungsball	108
Vampir-Shooter	110
Gespenster-Fräulein	112
Schmucke Schneemänner	114
Flippige Filzstiefel	116
Tortenspitzen-Engelchen	118
Hütchen in Feierlaune	120

Vorlagen	122
Buchtipps für dich	126

Tipps & Tricks für dich

Farbe

Unterlage
Wenn du mit Farbe oder Klebstoff arbeitest, solltest du eine Unterlage benutzen. Nimm am besten eine feste Unterlage, z.B. ein Stück alten Karton. Auch ein Platzdeckchen aus Plastik eignet sich prima.

Klamottenschutz
Ob du Papas alte Hemden, einen Malkittel oder einfach alte aussortierte Klamotten aus deinem Kleiderschrank anziehst – Hauptsache du trägst beim Basteln etwas, das schmutzig werden darf. Sonst bist du die ganze Zeit damit beschäftigt darauf zu achten, dass deine Kleidung sauber bleibt.

Einweghandschuhe
Sie sind eine prima Hilfe gegen matschige Farbfinger. Du bekommst sie z.B. im Drogeriemarkt. Wenn sie vollgematscht sind, wandern sie in den Müll und deine Hände sind immer noch sauber.

Pappteller
Auf Papptellern kannst du Acrylfarbe in kleinen Klecksen zwischenlagern, bevor du sie mit dem Pinsel auf dein Kunstwerk aufträgst. Und du kannst darauf Farben ganz einfach mischen.

Pinsel
Pinsel gibt es in verschiedenen Stärken und Qualitäten. Ganz normale Borsten- und Haarpinsel aus dem Bastelladen reichen völlig aus. Es ist immer gut, verschiedene Breiten zu haben. Ein altes Marmeladenglas mit Wasser hilft dir beim Auswaschen der Pinsel. Denke daran, deine Pinsel immer sofort auszuwaschen, nur so bleiben sie schön.

Schaschlikspieße
Sie sind die ultimative Malgeheimwaffe. Du kannst Perlen, Korken usw. auf die Spieße aufpiken und sie so leichter bemalen. Außerdem kannst du mit Schaschlikspießen auch ganz wunderbar malen. Mit der Spitze zeichnest du zarte Linien, mit dem stumpfen Ende tupfst du Punkte (z.B. für Augen) auf.

Weniger ist mehr
Es ist besser, ein Projekt zweimal dünn als einmal dick anzustreichen. Zu viel Farbe auf einmal macht nämlich Streifen.

Klebstoff

Der Mix macht's
Bastelkleber, Klebestift und Heißklebepistole sind super und sollten zu deiner Grundausstattung gehören. Toll sind auch Alleskleber und Stoffkleber.

Klebestift
Mit dem Klebestift kannst du Papier oder Tonpapier auf- oder zusammenkleben. Bei Flüssigkleber wird das Papier schnell wellig.

Zahnstocher
Oft kommt ein dicker Klecks Kleber aus der Tube. Mit Zahnstochern kannst du auch kleine Mengen Bastelkleber, Alleskleber oder Stoffkleber auftragen. Willst du Bastelkleber flächig auftragen, nimm einfach ein Stück Pappe zu Hilfe.

Heißkleber
Die Heißklebepistole ist, wie der Name schon sagt, ziemlich heiß und du kannst dich schnell verbrennen. Also lass dir besser von einen Erwachsenen helfen, wenn du sie benutzen möchtest.

Schablonen herstellen

Vorlagen erstellen

Für viele Bastelideen findest du hinten im Buch Vorlagen. Manchmal musst du sie zunächst auf die passende Größe kopieren. Hast du das erledigt, kannst du dir eine Schablone basteln. Lege dazu einen Bogen Transparentpapier auf das gewünschte Motiv und übertrage mit einem Bleistift alle benötigten Teile.

Jetzt kannst du das Transparentpapier auf hellen Fotokarton kleben und deine Teile sauber ausschneiden.

Als Nächstes legst du deine Schablone seitenverkehrt auf den gewünschten Fotokarton und umfährst die äußeren Konturen wieder mit einem Bleistift. Nun musst du die Motive nur noch ausschneiden.

Wenn du deine Schablone auf Stoff übertragen möchtest, legst du die Schablone auf die vorbereitete glatte Stoffrückseite und umrandest sie mit einem Bleistift. Dann kannst du die Form ausschneiden.

Egal, ob deine beste Freundin Geburtstag feiert, eine Familienfeier ansteht oder auch einfach so – es macht immer Spaß, wenn du deine Outfits mit schicken Accessoires verschönerst!

Schmücklich

Blümchen-Armreifen ♥ Farbtupfer fürs Ohr
Schmuckjuwelen ♥ Taschenverschönerung ♥ Holzige Schmuckstücke
Spitzen-Shirt ♥ Rüschentüte ♥ Eis-Schmuck
Handytäschchen mit Hui-Faktor ♥ Schnurverschönerung

BLÜMCHEN-ARMREIFEN

Armreifen kann man gerade im Frühling und Sommer nie genug haben. Diese Variante ist besonders originell, denn der hübsche Armschmuck war tatsächlich mal eine Klorolle!

DAS BRAUCHST DU

- ♥ leere Klopapierrollen
- ♥ Bügelperlen
- ♥ runde Steckplatte
- ♥ Bügeleisen
- ♥ Acrylfarbe in Pink, Flamingo und Hellblau
- ♥ Pinsel
- ♥ Heißklebepistole
- ♥ Backpapier

1 Zuerst kümmerst du dich um die Steckperlen-Blüten. Du brauchst pro Blume drei verschiedene Farben. Ordne sie wie auf dem Foto an. Pro Armreif benötigst du eine große Blüte und zwei kleine.

2 Lege ein Blatt Backpapier über die Steckperlen und bügle sie eine halbe Minute, bis sie miteinander verschmolzen sind.

3 Schneide von einer Klorolle einen ca. 1,5 cm langen Kringel ab. Den Kringel schneidest du an einer Stelle auf.

4

Jetzt streichst du das Armband mit Acrylfarbe innen und außen an und lässt es gut trocknen.

5

Klebe die große Blüte mit Heißkleber (Vorsicht, heiß!) mittig auf den Armreifen. Die beiden kleinen Blüten klebst du rechts und links davon auf.

6

Zuletzt schneidest du die Öffnungen deines Armreifens schön rund. Fertig ist dein Schmuckstück!

FARBTUPFER FÜRS OHR

Diese Ohrringe sind nicht nur äußerst schick, sie sind auch noch federleicht und baumeln daher ganz besonders hübsch an deinen Ohren!

DAS BRAUCHST DU

- lufttrocknende Modelliermasse in Neonpink, Neongelb und Neonorange
- 2 Ohrhaken versilbert, 20 mm lang
- Silberdraht, ø 0,3 mm
- 2 Verbindungsringe, ø je 7 mm
- Schere
- Knöpfe mit Muster
- Ausstecher mit Auswurf
- Teigrolle
- runde Ausstecher, ø 3 cm und 2 cm
- Nadel

1 Rolle die Modelliermasse ca. 2 mm dick aus und drücke Knöpfe, Ausstecher oder andere Dinge, die ein schönes Muster ergeben, flächig hinein.

2 Stich mit den Ausstechern unterschiedlich große Kreise daraus aus und lass sie einige Stunden (am besten über Nacht) trocknen.

3 Mit einer Nadel bohrst du Löcher in deine Ohrringe. Stecke ein ca. 3 cm langes Stück Silberdraht hindurch und verbinde so jeweils zwei Kreise miteinander. Der kleine baumelt unten, durch den großen ziehst du einen Verbindungsring. Diesen befestigst du mit einer Zange am Ohrhaken.

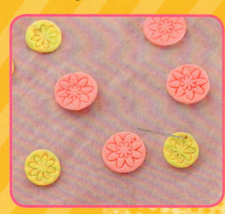

Schmuckjuwelen

Das brauchst du
- Haarspangen
- Ringschiene
- Haargummi
- Fimo® Soft in Pink, Orange und Gelb
- Knöpfe nach Wunsch
- Filzreste
- UHU Alleskleber
- Schere
- Messer

Brauchst du mal wieder neuen Glanz für deine Alltagsfrisur? Mit diesen Haarspängchen gelingt das im Nu. Sie sind tatsächlich ganz leicht zu basteln – und sehen trotzdem fantastisch aus. Probiere es einfach aus!

1 Forme aus Fimo® kleine Kugeln und drücke einen Knopf mit schönem Muster hinein, sodass eine platte Fläche entsteht. Die Überreste schneidest du mit einem Messer ab. Lass dir dabei helfen.

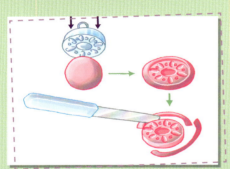

2 Jetzt wandern die Blümchen in den Backofen! Lege die Blumen auf Alufolie und schiebe sie für 30 Minuten in den auf 110 Grad vorgeheizten Backofen. Vorsicht heiß!

3 Zeichne dir nun Blumenumrisse auf die Filzreste und schneide sie aus. Vielleicht magst du noch Blätter dazu ausschneiden?

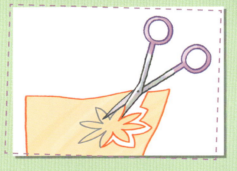

4 Staple die Blümchen übereinander, obenauf kommt die Fimo®blume. Dann klebst du den kleinen Stapel in der richtigen Reihenfolge aufeinander und lässt alles gut trocknen.

5 Du kannst die Blumen auf Haarspangen, Ringschienen oder an Haarbänder kleben! Klebe noch einen kleinen Filzstreifen von hinten dagegen.

DAS BRAUCHST DU

- Wolle in verschiedenen Farben
- Holzkugeln in verschiedenen Farben, ø ca. 10 mm
- kleine Pompons, ø 10 mm
- Karabiner drehbar mit Spaltring in Silber, 20 cm x 60 mm
- Schmuckkordel, ø 0,8 mm
- Sticknadel
- Schere
- Gabel

TASCHEN-VERSCHÖNERUNG

Tasche oder Schlüssel, an diesen bunten Gehängen guckt keiner vorbei. Und nicht nur das: Die fröhlichen Pompon-Kreationen sorgen auch noch für gute Laune!

1 Wickle die Wolle solange um die Gabel, bis ein kleines Knäuel entsteht. Dann einen ca. 30 cm langen Wollfaden durch die untere, mittlere Gabelzacke fädeln. Das andere Ende fädelst du durch die obere mittlere Gabelzacke.

2 Ziehe das Wollknäuel von der Gabel, den Sicherungsfaden fest zu und verknote ihn. Mit der Schere den Woll-Wulst ober- und unterhalb des Sicherungsfadens so durchschneiden, dass ein Pompon entsteht. Überstehende, unregelmäßige Fäden abschneiden.

3 Für den Bommel schneidest du ca. 20 cm lange Wollfäden zurecht und legst sie über deinen Zeigefinger. Dann nimmst du einen Extrafaden (20 cm lang) und knotest ihn um die entstandene Schlaufe.

4 Jetzt fädelst du einen 60 cm langen Wollfaden durch eine dicke Sticknadel, legst ihn doppelt und verknotest ihn. 1 cm tiefer machst du wieder einen Knoten und fädelst dann Perlen, Pompon, Perlen, kleinen Pompon und dann den Bommel auf. Dann gehst du mit der Nadel den gleichen Weg zurück – wieder durch alle Perlen, Pompons usw., entfernst die Nadel und verknotest das Ende.

5 Jetzt fehlt nur noch ein Karabiner und schon ist dein dekorativer Anhänger fertig.

Holzige Schmuckstücke

Hier kommen knallbunte Verschönerungsketten für schlichte Shirts. Einfach Kullerperlen auffädeln, Astscheibe bemalen und glänzen!

1 Zunächst steckst du die Holzperlen auf Schaschlikspieße auf und malst sie mit Acrylfarbe an. Gut trocknen lassen.

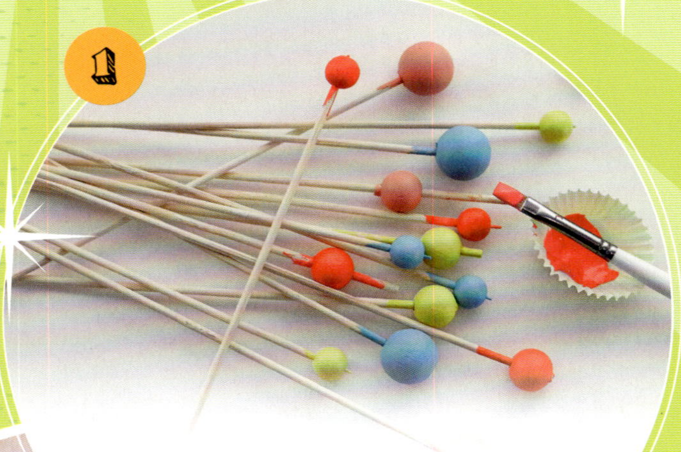

2 Bemale die Holzscheibe mit Acrylfarbe mit einem Motiv deiner Wahl. Trocknen lassen!

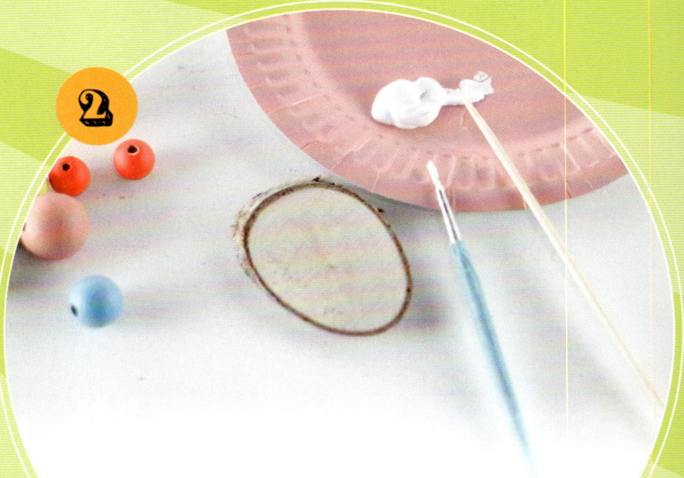

Das brauchst du

- 4 Holzperlen, ø 10 mm
- 4 Holzperlen, ø 15 mm
- 2 Holzperlen, ø 20 mm
- Holzscheiben, ca. 4 cm x 3 cm
- Acrylfarbe in Hellblau, Rosa, Pink, Gelb und Weiß
- Pinsel
- Ringschrauben, 8 cm x 3 cm
- Schmuckkordel in Neonpink, ø 0,8 mm, je 80cm lang
- Kastanienbohrer, klein
- Schaschlikspieße

3 Jetzt bohrst du mit einem kleinen Kastanienbohrer mittig ein Loch in die Oberseite der Holzscheibe und drehst dort eine Ringschraube hinein.

5 Probiere die Länge deiner Kette aus und verknote dann die Schnurenden. Überstehende Schnur kannst du einfach abschneiden.

4 Schneide ein 80 cm langes Stück Schnur zurecht und fädle Holzperlen und Holzscheibe der Reihe nach auf.

Das brauchst du

- unifarbenes T-Shirt in deiner Größe
- Teller- oder Tassendeckchen, ø 18 cm
- Stoffmalfarbe in Pink
- Pinsel
- Bügeleisen
- Pappe, A4
- Fön

Dieses ungewöhnliche Spitzen-Shirt ist perfekt für jede Party! Damit überzeugst du sogar auf den Geburtstagsfeiern von Oma, Onkel, Tante und Co. – schließlich trägst du Spitze!

1 Bevor du loslegst, steckst du zwischen Vorder- und Rückseite deines T-Shirts ein Stück Pappe, damit die Farbe nicht durch den Stoff durchdrückt.

2 Jetzt legst du das Tellerdeckchen mittig auf dein T-Shirt. Mit der einen Hand hältst du das Deckchen fest, mit der anderen pinselst du schön dick Stoffmalfarbe in die Lücken des Deckchens.

3 Den äußeren Rand des Deckchens fährst du auch einmal mit Farbe ab. Dann ist es Zeit, den Fön zu zücken. Föhne die Farbe trocken und ziehe das Deckchen dann vorsichtig ab.

4 Am besten lässt du dein Kunstwerk über Nacht trocknen. Zum Schluss bügelst du von links fünf Minuten ohne Dampf über das Muster. Achtung, Bügeleisen nicht alleine benutzen! Jetzt ist das Muster fixiert und du kannst dein T-Shirt sogar waschen.

RÜSCHENTÜTE

DAS BRAUCHST DU

- ♥ Stoff-Tragetasche in Rosa, 24 cm x 28 cm
- ♥ bunte Stoffstreifen, je 6 cm x 70 cm
- ♥ Satinband in Hellgrün, 10 mm breit
- ♥ Zackenlitze in Orange
- ♥ Aufbügler
- ♥ Schere
- ♥ Stoffkleber
- ♥ Nadel und Faden

Zeit für einen kleinen Stadtbummel? Aber wohin mit deinen wertvollen Schätzen, die du dir kaufen möchtest? Mit dieser Rüschentüte kannst du dich sehen lassen und deine Einkäufe finden ganz bestimmt darin Platz.

1 Zuerst reißt du dir Stoffstreifen zurecht. Sie sollten ca. 70 cm lang und 6 cm breit sein. Insgesamt brauchst du etwa sieben bis acht Streifen.

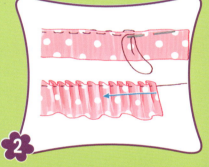

2 Fädle Nadel und Faden an der oberen langen Seite eines Stoffstreifens entlang und schiebe den Stoff zu einer Rüsche zusammen. Das machst du bei allen Streifen so.

3 Jetzt kannst du die Stoffrüschen mit Stoffkleber an die Tasche kleben. Beginne am unteren Ende der Tasche mit deiner ersten Rüsche. Dann klebst du die anderen jeweils überlappend darüber.

4 Zum Abschluss klebst du Satinband über die oberste Stoffrüschenkante und einen Streifen Zackenlitze darüber.

5 Mit dem Bügeleisen (Vorsicht, heiß!) fixierst du den Stoffkleber und bügelst anschließend noch deinen Aufbügler auf. Das Bügeleisen solltest du besser nicht alleine benutzen! Auf zum Stadtbummel!

EIS-SCHMUCK

DAS BRAUCHST DU
- Bügelperlen in verschiedenen Farben
- Spaltringe, ø 6 mm
- Kugelketten, 50 cm lang
- Bügeleisen
- Bügelperlenplatten mit geraden und versetzen Stiften
- Backpapier
- Zange

Was darf's denn heute sein? Eis am Stiel, im Hörnchen oder ein Eisbecher? Egal, was du magst, diese kleinen Kunstwerke schmelzen garantiert nicht!

1 Zuerst legst du dir Bügelperlen in deinen Wunschfarben zurecht. Schau dir die Motive auf dem Foto an und zähle genau nach, wenn du deine Perlen auf die Bügelperlenplatte steckst. Für die Eistörtchen brauchst du eine Bügelplatte mit geraden, für Eisbecher und Eishörnchen eine mit versetzten Stiften.

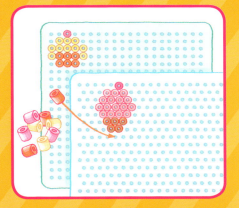

2 Wenn du dein Schmuckstück fertig gesteckt hast, wird gebügelt. Lege ein Stück Backpapier zwischen Steckplatte und Bügeleisen und bügle dein Eis ca. zehn Sekunden. Lass dir dabei evtl. von einem Erwachsenen helfen. Dann lässt du deinen Schmuck etwas abkühlen und nimmst ihn von der Platte herunter.

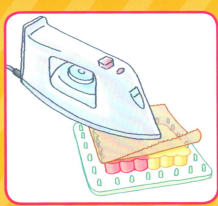

3 Durch eines der obersten Löcher fädelst du einen Spaltring und verschließt ihn mit Hilfe einer kleinen Zange wieder. Dann kannst du dein Eis auf die Kugelkette auffädeln und fertig ist dein Schmuckstück!

Handytäschchen mit Hui-Faktor

Das brauchst du
- alte Socke
- Filzreste in vielen Farben
- Stoffkleber
- Nadel und Faden
- Schaschlikspieß

In dieser hippen Hülle kann dein Handy oder dein MP3-Player ganz entspannt Platz nehmen. Du hättest gern noch mehr Hui-Faktor? Dann versuche es mal mit der ultimativen Schnurverschönerung.

❶ Schneide von einer Socke das Fußteil ab. Den Schlauch ziehst du auf links.

❷ Fädle einen Faden auf eine Nadel und verknote die Enden. Jetzt nähst du die Schnittkante am Sockenschlauch unten zu. Dann drehst du alles wieder auf rechts.

❸ Aus Filzresten schneidest du ca. 0,5 cm–1 cm große Dreiecke zurecht. Lege sie in der gewünschten Reihenfolge auf den Socken, sodass eine schöne Wimpelkette entsteht.

❹ Klebe die Filzdreiecke mit Stoffkleber der Reihe nach auf. Ein Schaschlikspieß eignet sich prima, um kleine Mengen Kleber an Ort und Stelle zu bringen. Lass den Kleber trocknen und dein Handy kann einziehen.

Tipp: Wenn du nicht gern nähst, kannst du den Sockenschlauch unten auch einfach mit Stoffkleber zukleben.

Das brauchst du
- In-Ear-Kopfhörer
- Bügelperlen in Grün, Pink und Orange
- Cuttermesser mit Schneideunterlage
- Schaschlikspieß

Schnur-Verschönerung

1 Suche dir eine gute Handvoll Bügelperlen in den Farben deiner Wahl und stelle jede einzelne nacheinander mit der flachen, offenen Seite nach unten vor dich hin.

2 Schneide die Perlen mit dem Cuttermesser seitlich auf, sodass die Spitze von deinem Cuttermesser mittig durch den inneren Hohlraum gleitet.

3 Fädle die Bügelperlen in der gewünschten Reihenfolge auf den Kopfhörer. Dazu biegst du die Perlen an der Schnittstelle auf. Am einfachsten geht das, wenn du die Perle vorher mit einem Schaschlikspieß aufbiegst und dann über die Schnur gleiten lässt. Die Perlen biegen sich automatisch in die Ausgangsform zurück.

Hier findest du eine ganze Ladung an Ideen, die deinem Zimmer neuen Glanz verleihen – und das ganz ohne viel Zeit und Geld. Ob Sternenkissen, Funkellichterkette oder Schmuckgarderobe – wetten, du findest dein Lieblingsstück?

Aufgehübscht

Funkelllichterkette ♥ Tierische Garderobe
Haarspangenhalter ♥ Sternenkissen ♥ Kuckucksuhr
Knallbunter Kartenhalter ♥ Schicke Stiftboxen
Bunter Wandschmuck ♥ Gepimpter Kleiderbügel

DAS BRAUCHST DU

- 20 Plastik-Schnapsgläser, 2 cl
- Kerze
- Metall-Schaschlikspieß
- 20er-Lichterkette mit Schalter in Weiß
- schöne bunte Stoffreste
- kariertes Rüschenband in Gelb, Rot, Hellblau, Hellgrün und Rosa, 19 mm breit
- Wäscheklammern
- Schere
- UHU Alleskleber

FUNKEL-LICHTERKETTE

Kuschelzeit im Mädchenzimmer? Dann ist diese wunderbare Lichterkette genau das Richtige. Sie zaubert gemütliches Licht, vertreibt dunkle Geister und sieht auch noch entzückend aus!

1 Zusammen mit einem Erwachsenen erhitzt du die Schaschlikspieß-Spitze über einer Kerzenflamme und bohrst in die Mitte des Schnapsglasbodens ein Loch. Das Loch sollte so groß werden, dass die Glühbirne deiner Lichterkette hindurchpasst.

2 Mit Alleskleber klebst du einen Stoffrest auf die Lampenfassung, schneidest das oben überstehende Stoffstück ein, knickst es um und klebst es ebenfalls fest.

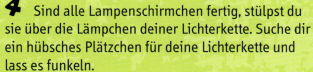

3 Um den unteren Rand deiner Lampenfassung klebst du Rüschenband. Nimm Wäscheklammern, um das Band zu fixieren bis es getrocknet ist.

4 Sind alle Lampenschirmchen fertig, stülpst du sie über die Lämpchen deiner Lichterkette. Suche dir ein hübsches Plätzchen für deine Lichterkette und lass es funkeln.

Tierische Garderobe

An dieser tierischen Garderobe können Ketten, Armbänder und Tücher ganz entspannt baumeln und sind so obendrein noch jederzeit einsatzbereit!

1 Streiche das Holzbrett mit hellblauer Acrylfarbe an und lass es über Nacht trocknen.

2 Schneide den Tierfiguren mit einem Cuttermesser das hintere Drittel schön gleichmäßig ab. Vorsicht, das Messer ist scharf. Am besten lässt du dir dabei von einem Erwachsenen helfen.

Das brauchst du

- Fichtenholz-Brett, 6,5 cm x 1,5 cm x 30 cm
- 5 Gummi-Spielzeugfiguren
- Acryllack in Hellblau und Rosa
- Pinsel
- 2 Plakatösen, ø 40 mm
- Schaschlikspieße
- Cuttermesser mit Schneideunterlage
- UHU Alleskleber

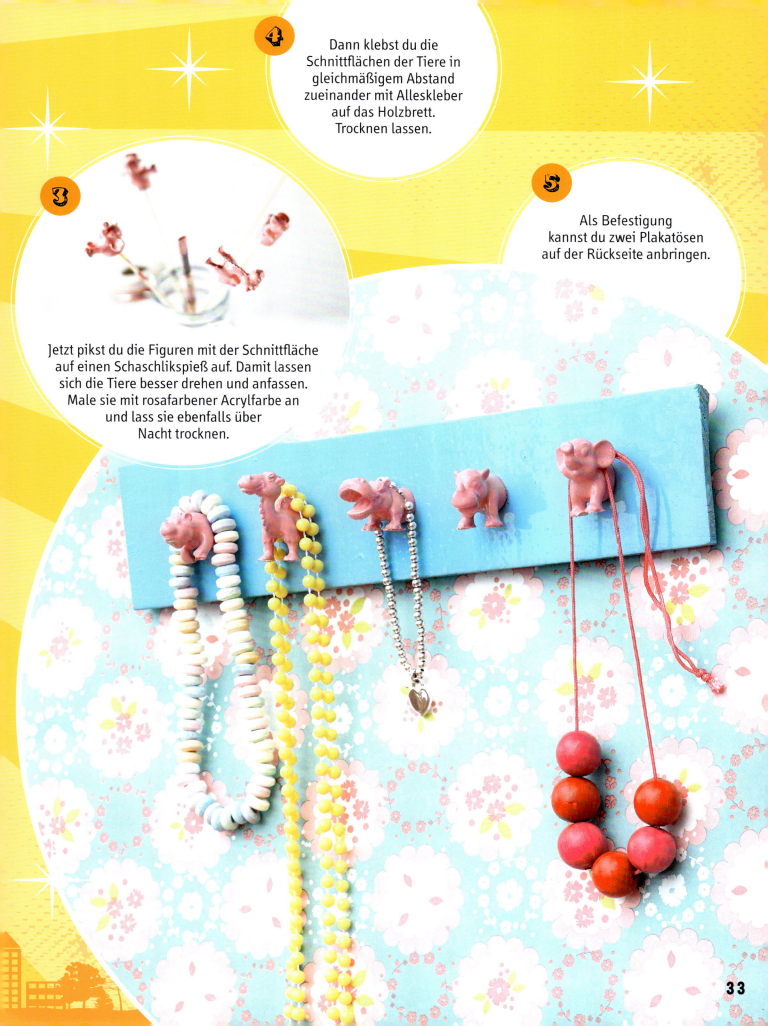

4 Dann klebst du die Schnittflächen der Tiere in gleichmäßigem Abstand zueinander mit Alleskleber auf das Holzbrett. Trocknen lassen.

3 Jetzt pikst du die Figuren mit der Schnittfläche auf einen Schaschlikspieß auf. Damit lassen sich die Tiere besser drehen und anfassen. Male sie mit rosafarbener Acrylfarbe an und lass sie ebenfalls über Nacht trocknen.

5 Als Befestigung kannst du zwei Plakatösen auf der Rückseite anbringen.

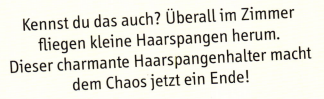

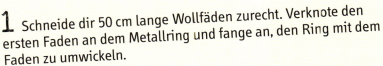

Das brauchst du

- Metallring ø 15 cm
- Wolle in verschiedenen Farben
- Bastelfilz-Streifen in Pink, 2 cm x 35 cm
- Webband nach Wunsch, 35 cm und 14 cm lang
- Stoffkleber
- Schere
- Schnurrest

Kennst du das auch? Überall im Zimmer fliegen kleine Haarspangen herum. Dieser charmante Haarspangenhalter macht dem Chaos jetzt ein Ende!

1 Schneide dir 50 cm lange Wollfäden zurecht. Verknote den ersten Faden an dem Metallring und fange an, den Ring mit dem Faden zu umwickeln.

2 Dann knotest du an das Ende des Wollfadens einen Wollfaden in einer neuen Farbe an und wickelst weiter. Das wiederholst du so lange, bis der ganze Ring bunt umwickelt ist. Das letzte Ende knotest du wieder am Ring fest und schneidest den überstehenden Rest ab.

3 Schneide aus Bastelfilz einen 2 cm x 35 cm großen Streifen zu. Vom Webband brauchst du ein 35 cm und ein 14 cm langes Stück. Klebe das längere Webbandstück mit Stoffkleber mittig auf den Filzstreifen.

4 Knicke an einem Ende 3 cm um und lege genau diese Schlaufe um den Ring. Klebe die Schlaufenenden zusammen.

5 Für die Webbandschlaufe, aus der jetzt eine Aufhängung werden soll, faltest du das Band in der Mitte. Lege sie um den Ring und schließe die offenen Enden mit einer Schnur, die du verknotest.

STERNENKISSEN

DAS BRAUCHST DU

- Baumwollkissenbezug in Weiß, 40 cm x 40 cm
- Innenkissen
- Bleistift mit Radiergummiende
- Stoffmalfarbe in Pink, Gelb & Orange
- Pappteller
- Bügeleisen
- Fotokarton, DIN A4
- Schere
- Pappkartonrest, 30 cm x 30 cm
- Wolle in Pink, Gelb & Orange
- Sticknadel und Faden

Vorlage S. 122

Dieses entzückende Lieblingskissen ist nicht nur ein richtig cooles Deko-Objekt für dein Zimmer, es eignet sich auch hervorragend zum Träumen!

1 Zuerst fertigst du dir aus Fotokarton eine Sternvorlage für dein Kissen an. Übertrage die Vorlage mit Bleistift auf den Karton und schneide sie aus.

2 Schneide aus einem Pappkarton ein 30 cm x 30 cm großes Quadrat aus und stecke es in die Kissenhülle. Lege den Stern mittig auf die Hülle. Auf einem Pappteller bereitest du die Stoffmalfarben vor.

3 Tauche das Radiergummiende des Bleistifts in die Farbe und stemple zunächst dicht um den Stern Punkte, danach weiter außen. Achte darauf, dass der Stern nicht verrutscht. 24 Stunden trocknen lassen!

4 Um die Farbe zu fixieren, ziehst du den Kissenbezug auf links und bügelst ihn ca. fünf Minuten lang (Baumwollstufe!). Hülle wieder auf rechts ziehen.

5 Für die Pompons je drei bunte, 40 cm lange Wollfäden um die Gabel wickeln bis ein kleines Knäuel entsteht. Dann einen 30 cm langen Wollfaden durch die untere, mittlere Gabelzacke fädeln. Das andere Ende durch die obere mittlere Gabelzacke fädeln. Wollknäuel von der Gabel ziehen, Sicherungsfaden fest zuziehen und verknoten. Mit der Schere die Wollschleifen ober- und unterhalb des Sicherungsfadens so durchschneiden, dass ein Pompon entsteht. Überstehende Fäden abschneiden. Achtung, den langen Wollfaden brauchst du noch.

6 Stecke den Wollfaden durch eine dicke Sticknadel und nähe je einen Pompon an den vier Kissenecken fest. Und dann heißt es: Loskuscheln!

Tipp: Probiere auch andere Motive für dein Kissen aus. Wie wäre es z.B. mit einer Blume, einem Herz oder einem Flamingo? Einfach Vorlage herstellen und losstempeln!

KUCKUCKS-UHR

Kuckuck, Kuckuck, ruft's... von der Wand! Na ja, rufen kann der kleine Vogel auf der Uhr zwar nicht, aber die Uhr funktioniert trotzdem einwandfrei – und sieht großartig aus!

DAS BRAUCHST DU

- 2 Stücke Pappe, A4
- Geschenkpapier
- Masking Tape nach Wunsch
- Uhrwerk mit Zeigern
- Mini-Dekovogel
- Häkelblume, ø 5 cm
- 2 Tannenzapfen
- Satinband in Hellgrün, 30 cm lang
- Acrylfarbe in Pink
- Pinsel
- 2 Ringschrauben, 10 mm x 3 mm x 1,8 mm
- Plakatöse, ø 40 mm
- Schere
- Nadel

Vorlage S. 122

1 Übertrage die Vorlagen der einzelnen Kuckucksuhr-Teile auf die Pappe und schneide alles aus. Beklebe den Uhrgrundkörper und alle Einzelteile mit Geschenkpapier oder Masking Tape.

2 Klebe alles übereinander auf den Grundkörper der Uhr. Erst das Dach, dann das Türchen und die Öffnung und zum Schluss den Kreis und die Häkelblume für dein Uhrwerk.

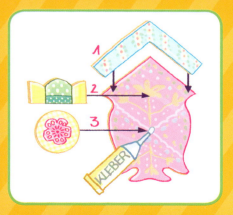

3 Stich mit einer Nadel ein ausreichend großes Loch in die Kuckucksuhr-Pappe und stecke das Uhrwerk von hinten hindurch. Danach kannst du die Zeiger befestigen.

4 Male die Tannenzapfen pink an und lass die Farbe trocknen. Dann schraubst du je eine Ringschraube in die Zapfen. Knote jeweils ein Satinbandende an einer Ringschraube fest und klebe das andere Ende an die Rückseite der Uhr.

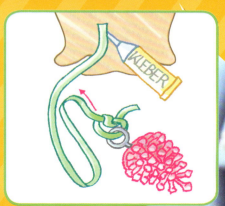

5 Jetzt klebst du an die Rückseite deines Uhrwerks eine Plakatöse, damit du die Uhr auch aufhängen kannst. Zum Schluss stichst du den Draht von deinem Vögelchen durch die Unterseite des kleinen Fensters an der Uhr und verbiegst ihn so, dass er nicht mehr rausrutschen kann!

Knallbunter Kartenhalter

Das brauchst du

- Korkplatte, ø 20cm
- 12 Holzwäscheklammern
- Acrylfarbe in Hellblau
- Pinsel
- Masking Tape nach Wunsch
- Heißklebepistole
- Plakatöse, ø 40 mm

Wohin mit Lieblingsstücken wie Kinokarte vom tollsten Film des Jahres, cooler Geburtstagseinladung oder Autogramm vom Lieblingssänger? Ab an diesen fröhlich-bunten Kartenhalter damit!

1 Streiche die Korkplatte an und lass die Farbe gut trocknen. Da Kork viel Farbe aufsaugt, braucht deine Platte vielleicht noch einen zweiten Anstrich.

3 Gib einen Streifen Heißkleber auf die untere Hälfte der Wäscheklammer. Aber pass auf deine Finger auf und lass dir evtl. von einem Erwachsenen helfen.

4 Ordne alle zwölf Klammern wie die Ziffern einer Uhr an und klebe sie so der Reihe nach auf.

5 Um den Kartenhalter an der Wand zu befestigen, kannst du am oberen Rand eine Plakatöse anbringen und das Ganze dann an einen Nagel in der Wand hängen.

2 Dann beklebst du jeweils die eine Oberfläche der Wäscheklammern mit Masking Tape. Schneide überstehende Reste mit einer Schere ab.

DAS BRAUCHST DU

- Konservendosen in verschiedenen Größen
- Stoffreste
- Web- und Satinbänder
- Filzreste
- Aufbügelmotive
- Klebestift
- Zackenschere
- Schere

SCHICKE STIFTBOXEN

Herrscht auf deinem Schreibtisch Stiftechaos? Dann kommen diese Stifteboxen gerade recht. Und sie machen sich auch noch unglaublich gut als Zimmerdeko!

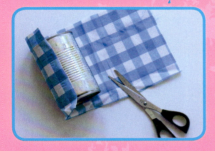

1 Mit dem Klebestift bestreichst du die Dose und drückst dann den Stoff rundherum fest an. Überstehende Enden kannst du entweder einschlagen oder abschneiden.

2 Aus Filzresten schneidest du mit einer Zackenschere Kreise als Untergrund für die Bügelmotive zurecht. Klebe sie mittig auf die Dose und die Bügelmotive dann darauf.

3 Jetzt geht's ans Verzieren: Klebe nach Herzenslust Webbänder, Filzstücke oder Aufbügelmotive auf. Dafür schneidest du die Bänder auf die passende Länge zurecht (vorher ausprobieren oder Dose abmessen) und klebst sie dann mit Klebestift auf.

TIPP!
Wenn du keine Bügelmotive zur Hand hast, kannst du auch einfach Blüten oder Herzen aus Bastelfilz ausschneiden und aufkleben.

Bunter Wandschmuck

Hier kommt die weltbeste Idee, wie du Lieblingspostkarten oder hübsche Bilder neu in Szene setzen kannst. Und das Beste ist: Es geht ratzfatz!

1. Zunächst misst du das innere Rechteck des Papptellers aus. Dann schneidest du Geschenkpapier in der passenden Größe zu und klebst es mittig auf.

2. Den Tellerrand kannst du mit Masking Tape verschönern. Einfach aufkleben und Enden abschneiden. Das sieht schöner aus als abreißen. Dann klebst du dein Wunschbild mittig auf.

Das brauchst du

- eckige Pappteller, 24 cm x 17 cm und 20 cm x 13 cm
- Postkarten und Bilder
- Wolle
- Sticknadel mit Spitze
- Masking Tape nach Wunsch
- Geschenkpapierreste
- Klebestift
- Zackenschere
- Schere

4

Stich vier Löcher in die Ecken, die mit einem Fadenrahmen verbunden werden sollen. Stich mit der Nadel von hinten durch eines der Löcher und fädle es im nächsten Loch wieder ein. Erneut von hinten in ein noch unbenutztes Loch stechen und den Faden ins nächste Loch ziehen. Dabei wird sich der Faden auf der Rückseite überkreuzen.

5

Ist dein Fadenrahmen fertig, klebst du das Reststück Faden auf der Rückseite mit Klebestift fest oder machst einen Knoten hinein. Das überstehende Stück Faden kannst du abschneiden.

3

Jetzt kommt die Wolle zum Einsatz. Fädle einen etwa 50 cm langen Faden in eine dicke Sticknadel. In ein Ende des Fadens machst du einen Knoten.

Tipp!

Mit UHU-patafix lassen sich deine Rahmen ganz einfach aufhängen und hinterlassen keine Löcher, Flecken oder sonstigen Ärgernisse auf der Wand. Und du kannst jederzeit umdekorieren!

Das brauchst du

- Kleiderbügel in Naturholz
- Acrylfarbe oder -lack in Pink
- Masking Tape nach Wunsch
- Wolle in verschiedenen Farben
- Filzreste verschiedenen Farben
- Häkelblume in Pink, ø 2 cm
- Klebestift

Vorlage S. 122

Schicke Stücke verdienen natürlich auch eine schicke Aufbewahrung. Dieser Kleiderbügel ist perfekt für Lieblingsklamotten. Er sieht aber auch ohne Kleidung äußerst dekorativ aus!

1 Streiche den Kleiderbügel mit pinker Farbe an. Lass die Farbe gut trocknen. Eventuell braucht der Bügel einen zweiten Anstrich.

2 Jetzt umklebst du Teile des Bügels mit Masking Tape. Einfach immer einen Streifen abreißen und den Bügel damit umwickeln.

3 Um die Wolle umwickeln zu können, brauchst du den Klebestift. Schneide ein ca. 20 cm – 30 cm langes Stück Wollfaden zu und klebe ein Ende davon mit Klebestift auf den Bügel. Jetzt kannst du loswickeln und den Faden am Ende wieder mit Klebestift festkleben.

4 Schneide der Vorlage nach aus Filzresten eine Blüte zu und klebe sie unterhalb des Hakens mit Klebestift auf den Bügel.

5 Die Häkelblume auf der Blüte befestigen – fertig!

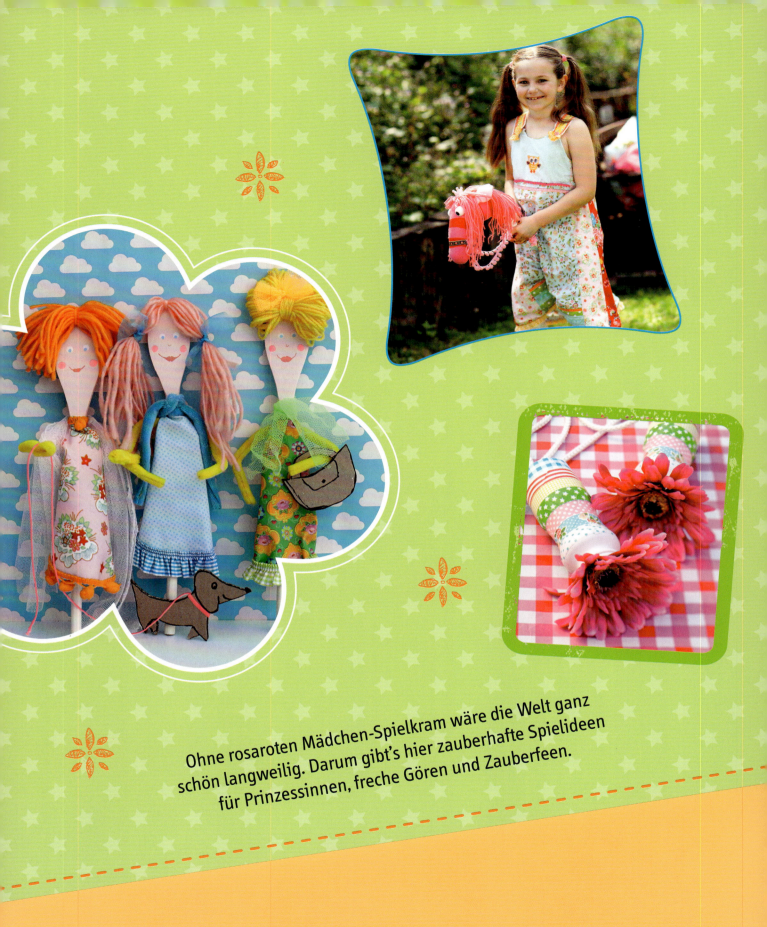

Ohne rosaroten Mädchen-Spielkram wäre die Welt ganz schön langweilig. Darum gibt's hier zauberhafte Spielideen für Prinzessinnen, freche Gören und Zauberfeen.

Spielerei

Prinzessinnen-Palast ♥ Seifenblasen-Zauberstab
Kegelkullerei ♥ Löffeldamen ♥ Hüpfvergnügen
Steckenpferdprinzessin ♥ Reise-Tic-Tac-Toe

PRINZESSINNEN-PALAST

Die drei kleinen kichernden Prinzessinnen haben es gerne farbenfroh in ihrem Palast. Hättest du gedacht, dass ihr Palast aus einem Pappkarton und leeren Klopapierrollen besteht?

DAS BRAUCHST DU

- ♥ Tüll in Grün, Blau und Pink
- ♥ Reste Mini-Pomponband in Hellgrün, Pink, Türkis, 9 mm breit
- ♥ Figurenkegel aus Holz, 102 mm x 42 mm
- ♥ Pappkarton, quadratisch
- ♥ 8 leere Klopapierrollen
- ♥ bunte Stoffreste
- ♥ Acrylfarbe in Hellrosa, Braun, Rot, Schwarz, Hellblau, Türkis
- ♥ Pinsel
- ♥ Modelliermasse Ultra-light
- ♥ ggf. Zahnstocher
- ♥ ggf. bunte Papierreste
- ♥ Klebestift
- ♥ Bürohefter

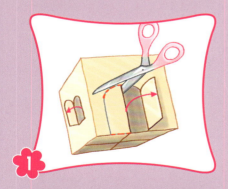

1

Zeichne auf die Vorderseite deines Pappkartons ein Schlosstor auf und schneide es so aus, dass es sich öffnen und schließen lässt. Dann bekommt dein Schloss einen Anstrich in Pink.

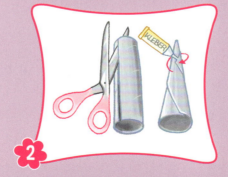

2

Beklebe vier der Klopapierrollen mit alten Stoffresten und schneide die überstehenden Reste ab. Die anderen vier Klopapierrollen schneidest du der Länge nach einmal durch, drehst sie an einer Spitze ein und formst sie zu einem Kegel.

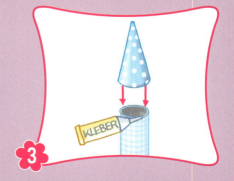

3

Beklebe die vier Kegel mit Stoffresten und klebe sie anschließend als Turmspitzen auf die mit Stoff bezogenen Türme.

4

Die Türme unten an zwei Stellen ca. 2 cm einschneiden und auf die Ecken des Pappkartons stecken. Bastle noch Fähnchen aus Zahnstochern und Papierresten für die Türme oder eine Wimpelkette als Schlossdeko.

5

Bemale die Köpfe der Figurenkegel mit Acrylfarbe. Lass die Farbe trocknen. Klebe die Stoffreste einmal um die Körper der Prinzessinnen herum. Dann klebst du noch ein „Überkleid" aus Tüll darüber.

6

Die Klebestellen am Hals versteckst du unter Mini-Pomponband. Aus Modelliermasse formst du kleine Krönchen für die Prinzessinnen. Lass die Masse gut trocknen, dann kannst du die Krönchen bemalen und aufkleben.

SEIFENBLASEN-ZAUBERSTAB

DAS BRAUCHST DU
- ca. 35 bunte Perlen (Holz oder Plastik), ø ca. 5 mm
- Draht, 50 cm lang
- Wollreste, 80 cm lang
- Organzabänder, 80 cm lang
- Rundstab, ø 6 mm, 50 cm lang
- Zange

Mit diesem süßen Seifenblasenstab zaubern kleine Feen große Schaumkugeln. Dieser Feenzauber ist perfekt für jede Party oder auch einfach so!

1 Fädle die bunten Perlen auf ein ca. 50 cm langes Stück Draht auf.

2 Lege das Ganze zu einem Kreis, nimm am besten eine Konservendose oder ein Glas zu Hilfe. Jetzt verzwirbelst du die Drahtenden miteinander und ziehst den Kreis dann wieder von der Dose runter.

3 Wickle den entstandenen Drahtstrang mehrfach um ein Ende des Rundstabs. Überstehende Drahtreste schneidest du mit der Zange oder einer Schere ab.

4 Lege die Wollfäden um die Drahtstelle am Stab und verknote sie so, dass der Draht nicht mehr zu sehen ist. Jetzt knotest du Organzabänder und Wollfäden um den Rundstab, damit das Ganze schön aussieht.

Hier kommt dein Geheim-Rezept für Super-Seifenblasen:
- 115 ml Spülmittel klar und farblos
- 1 EL Glycerin
- 1,5 l Wasser

Vermische die Zutaten vorsichtig. Wenn kein Schaum mehr vorhanden ist, ist die Seifenblasenmischung einsatzbereit.

Kegelkullerei

Das brauchst du
- 7 Trinkjoghurtflaschen, 100 ml
- 7 Wattekugeln, ø 40 mm
- Acrylfarbe, Farben nach Wunsch
- Geschenkpapierreste
- Schaschlikspieße
- Bastelkleber
- Klebestift

Vorlage S. 123

Auf die Plätze, fertig, los!
Wer trifft alle Kegel auf einmal? Wobei …
eigentlich sind diese Kegel fast zu hübsch
zum Umwerfen …

1 Ziehe die Aufkleber von den Trinkjoghurtflaschen ab und spüle sie gründlich aus. Die Flaschen sollten schön bauchig sein, damit die Geschenkpapierstreifen sich gut aufkleben lassen.

2 Stecke die Wattekugeln auf einen Schaschlikspieß, streiche sie mit Acrylfarbe an und lass sie trocknen.

3 Jetzt schneidest du aus Geschenkpapierresten 5 cm x 15 cm große Streifen zurecht und klebst sie mittig mit Klebestift um den Flaschenbauch.

4 Zum Schluss klebst du die Wattekugeln mit Bastelkleber auf die Flaschenköpfe.

DAS BRAUCHST DU

- Kochlöffel
- Acrylfarbe in Rosa
- Filzstifte in Hellblau, Weiß, Rot und Pink
- Stoffreste, je ca. 20 cm x 25 cm
- Tüllreste
- Pomponborte
- Rüschenband
- Wolle in Orange, Apricot und Gelb
- 3 x Chenilledraht in Gelb, je 50 cm lang
- Bastelkleber

Vorlage S. 122

LÖFFELDAMEN

Basteln mit Kochlöffeln? Wie geht das denn? Ganz einfach. Ein bisschen Farbe, ein bisschen Stoff, ein bisschen Schnickschnack und schon verwandeln sich die eintönigen Holzgesellen in edle Löffeldamen.

1 Male die Löffel rosa an. Der Stil braucht keine Farbe. Lass die Farbe trocknen und zeichne mit Filzstiften das Gesicht auf.

2 Für die Arme wickelst du den Chenilledraht um den Hals deiner Dame und verknotest ihn. Evtl. musst du die Arme etwas kürzen.

3 Für die Haare wickelst du Wolle um deine Hand oder ein Buch (je nachdem, wie lang die Haare der Löffeldame werden sollen). Ziehe das Knäuel ab und verknote es in der Mitte mit einem Extra-Wollfaden. Dann kannst du die Schlaufen rechts und links aufschneiden und hast eine schicke Frisur. Klebe sie mit Bastelkleber an den Kopf.

4 Übertrage die Vorlage für das Kleid auf den Stoff und schneide es aus. Mit Rüschenband oder Pomponborte kannst du den unteren Rand des Kleides noch verschönern.

5 Dann klebst du es oberhalb des Chenilldedrahts um den Hals der Löffeldame. Klebe die Rückseite des Kleides zu.

6 Zuletzt kannst du deine Damen noch nach Belieben stylen. Klebe ihnen z.B. eine Schleife ins Haar und einen Schal oder eine Kette um den Hals. Lass deiner Fantasie freien Lauf.

Hüpfvergnügen

Dieses Springseil hast du im Handumdrehen selbst gemacht und es sieht einfach wunderschön aus. Worauf wartest du noch? Ran an die Plastikflaschen!

1. Bohre mit einer spitzen Schere in die Böden der Joghurtflaschen jeweils ein Loch. Es sollte so groß sein, dass dein Seil gut hindurchpasst. Lass dir am besten von einem Erwachsenen helfen.

2. Jetzt fädelst du je ein Seilende durch die beiden Löcher in den Flaschen. Führe die Seilenden aus der Öffnung wieder heraus und mache einen stabilen Knoten in beide Enden. So rutscht das Seil nicht mehr heraus.

Das brauchst du

- 2 Kunstblumen, ø 10 cm
- 2 stabile Trinkjoghurtflaschen, ca. 12 cm hoch
- Nylonseil, ø 10 mm, 2 m lang
- Masking Tape nach Wunsch
- UHU Alleskleber Kraft
- spitze Schere

4

Verziere die Seilchengriffe dann nach Lust Laune mit bunten Masking-Tape-Streifen. Reiße jeweils einen Streifen ab und klebe ihn dicht um den Griff herum. Und nun rein ins Hüpfvergnügen!

Tipp!
Kennst du den Springseil-Reim: Zahnarzt, Zahnarzt sag mir doch, wie viele Zähne hab ich noch? Probiere es mal aus und schau, auf wie viele Zähne (=Seilchensprünge) du kommst!

3

Die Öffnungen der Trinkjoghurtflaschen klebst du mit einer Plastikblume zu. Lass den Kleber gut trocknen.

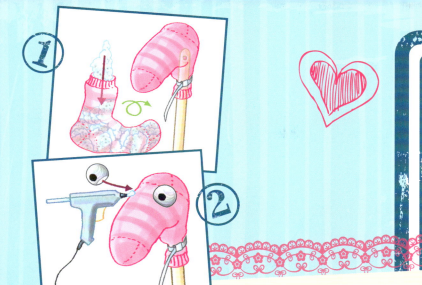

Das brauchst du

- Socken in Pink
- Wattekugel, ø 4 cm
- Besenstiel
- Füllwatte
- Wolle in Pink
- Plüschstoff in Rosa
- Pomponband in Rosa
- Webband
- Deko-Krone
- Kabelbinder
- Permanentmarker in Schwarz
- Nadel mit breiter Öffnung
- Heißklebepistole
- Cutter mit Schneideunterlage
- Schere

Du würdest gern mal wieder ausreiten? Kein Problem. Kram kurz in deiner Sockenkiste, zaubere ein bisschen und dann: Schwing die Hufe!

1 Zuerst stopfst du deinen Socken rappelvoll mit Füllwatte. Dann stülpst du das Sockenende über einen Besenstiel (ein halber Besenstiel tut es auch) und befestigst es mit dem Kabelbinder an dem Stiel.

2 Für die Augen schneidest du von der Wattekugel mit einem Cutter das untere Drittel ab und malst mit einem Permanentmarker schwarze Pupillen auf. Dann werden die Augen mit der Heißklebepistole auf den Kopf geklebt. Achtung, lass dir dabei lieber helfen!

3 Jetzt schneidest du aus rosa Plüsch zwei zarte Öhrchen aus und klebst sie ebenfalls mit der Heißklebepistole an die Seiten deiner Steckenpferdprinzessin.

4 Für die Haare schneidest du einen 1,5 m langen Wollfaden zurecht und fädelst ihn durch eine Nadel. Mit der Nadel stichst du jetzt in die Socken und kurz neben dem Einstich wieder raus. Haben die Haare die gewünschte Länge, schneidest du sie von der Nadel ab.

5 Die beiden Enden deines Wollfadens verknotest du eng am Kopf miteinander, damit die Frisur auch lange schön sitzt. Danach setzt du direkt neben der Wollsträhne wieder für neue Haare an. Zum Schluss klebst du die Krone zwischen die Haare.

6 Für das Zaumzeug wickelst du Webband einmal um die Schnauze herum, schneidest es zurecht und nähst die Enden zusammen. Verknote an den Seiten ein ca. 1 m langes Stück Pomponband mit dem Webband. Fertig sind die Zügel!

REISE-TIC-TAC-TOE

DAS BRAUCHST DU

- Metalldose quadratisch, ca. 10 cm x 10 cm
- 12 Glasnuggets ø 2 cm
- 12 Magnete, ø 1 cm
- Acryllack in Gelb und Pink
- Masking Tape in Hellblau
- Geschenkpapier in 2 Farben, je DIN A5
- UHU Alleskleber
- Cuttermesser mit Schneideunterlage
- Schere

Ob langweilige Autofahrten, ein Nachmittag im Schwimmbad oder einfach so zum Zeitvertreib – dieses kleine Spiel ist der perfekte Begleiter für dich!

1 Zuerst streichst du die Böden der Box-Innenseiten mit Acryllack an und lässt alles gut trocknen.

2 Klebe sechs Glasnuggets mit einem dicken Klecks Alleskleber auf Geschenkpapier. Die anderen sechs klebst du auf andersfarbiges Papier. Ist der Kleber trocken, kannst du sie ringsum ausschneiden.

3 Auf die Rückseite der Glasnuggets klebst du einen Magneten auf.

4 Das Feld für dein Tic-Tac-Toe-Spiel klebst du mit vier Streifen Masking Tape auf, schneide es vorher passend zurecht.

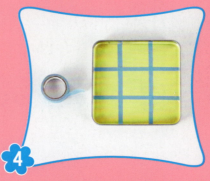

5 Beklebe die Vorderseite der Dose mit schönem Geschenkpapier und lege ein kleines Blöckchen und Stifte hinein. Dann kannst du aufschreiben, wer wann gewinnt.

Hier kommt eine Glückslandung voller Leckereien!
Knallbunte Kristall-Lutscher, frische Obstsmoothies und eiskalte
Raketen lassen Naschkatzen-Herzen höher schlagen!

Lecker

Knabber-Zoo ♥ Schokokuss-Eulen
Kristall-Lutscher ♥ Blütenringe ♥ Eiskalte Raketen
Tätätätäää-Torte ♥ Super Smoothies
Schokolöffel

KNABBER-ZOO

Hereinspaziert in den Zoo der Köstlichkeiten! Hier gibt es krümelige Krokodile, exquisite Elefanten oder gut schmeckende Giraffen zu bestaunen!

DAS BRAUCHST DU

Für die Kekse:
- 200 g Zucker
- 200 g Butter
- 1 Ei
- 400 g Mehl
- Keksausstecher Elefant, Krokodil und Giraffe

Für den Zuckerguss:
- 2 Eiweiß
- 350 g Puderzucker
- Lebensmittelfarbe nach Wunsch

Für die Schachteln:
- leere Pappschachteln
- Geschenkpapier
- Wolle in Rosa, Hellgrün und Hellblau
- Masking Tape nach Wunsch
- Papierstrohhalm
- Knete
- Kopierpapier, A4

1 Verknete Butter, Zucker, Ei und Mehl zunächst mit dem Handrührgerät und dann mit den Händen zu einem glatten Teig. Teig in einer abgedeckten Schüssel für eine Stunde kaltstellen.

2 Den Backofen auf 180 Grad (Umluft 165 Grad) vorheizen. Teig auf wenig Mehl 5 mm dick ausrollen, Kekse ausstechen und auf ein mit Backpapier ausgelegtes Backblech legen. Lass die Kekse etwa zwölf Minuten goldgelb backen und auf einem Kuchengitter auskühlen.

3 Für den Zuckerguss verrührst du das Eiweiß leicht und schlägst den Puderzucker mit dem Handrührer des Rührgeräts unter. Verteile die Zuckermasse in Schälchen und färbe sie mit Lebensmittelfarbe bunt ein. Zum Verzieren der Tiere nimmst du einen Einwegspritzbeutel und schneidest ein kleines Loch hinein.

4 Für die Käfige beklebst du das Innere der Pappschachteln mit Geschenkpapier. Den äußeren Schachtelrand verzierst du mit Masking Tape.

5 Packe ein paar Tiere in einen Käfig und befestige das Ende eines ausreichend langen Wollfadens mit Masking Tape hinten an der Schachtel. Jetzt wickelst du den Wollfaden um den Käfig. Erst senkrecht, dann waagerecht. Das andere Ende des Wollfadens klebst du wieder mit Masking Tape an der Rückseite fest.

6 Schreibe z.B. „Krümelige Krokodile" auf ein Stück Papier, schneide es in Form eines Schildes zurecht und klebe es an ein Stück Papierstrohhalm. Dann steckst du das Ganze in eine Kugel Knete und stellst das Schild neben dem Käfig auf.

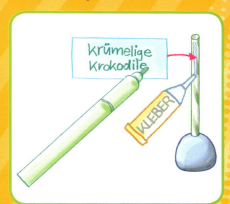

Schokokuss-Eulen

Das brauchst du
- Mini-Schokoküsse in Weiß
- Fondantmasse in verschiedenen Farben
- Lebensmittelstift in Schwarz
- Blütenausstecher mit Auswerfer
- Keksausstecher Kreis, ø ca. 13 mm und ca. 20 mm
- Messer
- dünner Pinsel

Diese charmanten Flattermänner werden aus Schokoküssen gezaubert und sind ein zuckersüßer Hingucker.

1 Rolle die Fondantmasse auf einem Stück Frischhaltefolie aus. Mit Hilfe kleiner Ausstecher kannst du Blüten oder Kreise für die Augen und Flügel ausstechen.

3 Um die Einzelteile an der Eule zu befestigen, tauchst du einen dünnen Pinsel in Wasser und befeuchtest die Rückseite deiner Verzierungen. Dann drückst du sie an die Eule. Sie haften jetzt von selbst.

4 Mit einem schwarzen Lebensmittelstift malst du deinen Eulen noch Pupillen auf und fertig sind die süßen Piepmätze.

2 Für die Füße rollst du eine kleine Kugel aus der Fondantmasse, drückst sie platt und schneidest mit dem Messer ein Drittel davon ab. Für den Schnabel schneidest du ein spitzes Dreieck aus der Fondantmasse zu.

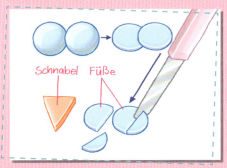

DAS BRAUCHST DU

- 5 Schaschlikspieße, 20 cm lang
- 5 leere Marmeladengläser
- 1l Wasser
- 3 kg Zucker
- 5 Wäscheklammern
- Lebensmittelfarbe in Grün, Blau, Rot und Gelb

KRISTALL-LUTSCHER

Achtung Geheimrezept! Kristalle sind schließlich etwas ganz besonderes. Und diese hier schmecken obendrein auch noch köstlich!

1 Als Erstes gehen die Schaschlikspieße baden, lass sie eine Stunde im Wasser liegen. Dann wälzt du das obere Drittel der Spieße in einer Untertasse voll Zucker und lässt sie gut trocknen.

2 Jetzt wird der Zuckerbrei hergestellt. Dafür mischst du 1 l Wasser und 1 kg Zucker in einem großen Topf und erhitzt alles. Achtung, nicht kochen lassen! Bei mittlerer Hitze fügst du unter ständigem Rühren noch die weiteren 2 kg Zucker hinzu und wartest, bis sich der Zucker gelöst hat.

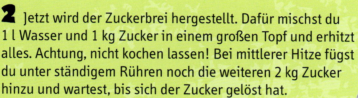

3 Lass das Zuckergemisch ein bisschen abkühlen und schütte es dann vorsichtig in die Marmeladengläser. Jetzt kannst du in jedes Glas ein paar Tropfen Lebensmittelfarbe geben und umrühren.

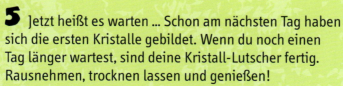

4 Stecke die Schaschlikspieße mit der Zuckerseite nach unten vorsichtig in je ein Glas. Der Spieß darf den Glasboden nicht berühren, daher fixiere eine Wäscheklammer quer an dem Spieß, sodass du sie auf den Glasrand legen kannst.

5 Jetzt heißt es warten ... Schon am nächsten Tag haben sich die ersten Kristalle gebildet. Wenn du noch einen Tag länger wartest, sind deine Kristall-Lutscher fertig. Rausnehmen, trocknen lassen und genießen!

Blütenringe

Diese süßen Blütenringe sind nicht nur für kleine Leckermäuler wie dich geeignet. Du kannst sie auch prima verschenken. Zum Muttertag, an eine Freundin, Nachbarin, Lehrerin... Wen möchtest du glücklich machen?

1

Zuerst Butter, Zucker und Ei verrühren. Dann gibst du das Mehl dazu, knetest den Teig gut durch und stellst ihn mindestens eine Stunde kühl. Danach rollst du den Teig auf einer mit Mehl bestäubten Unterlage aus und stichst große und kleine Blumen aus.

2

Lege die Blümchen auf ein Blech mit Backpapier, schiebe das Blech auf der mittleren Schiene in den Ofen und backe alles bei 200 Grad für 15 Minuten. Für den Zuckerguss verrührst du den Puderzucker mit 1–2 EL Wasser. Dann verteilst du den Guss auf zwei Schälchen und gibst einmal einen Spritzer rote und einmal blaue Lebensmittelfarbe hinein.

Das brauchst du

- 200 g Butter
- 125 g Zucker
- 1 Ei
- 400 g Mehl
- 150 g Puderzucker
- Lebensmittelfarbe in Rot und Blau
- Zuckerperlen
- Rührbesen oder Rührgerät
- Keksausstecher in Blumenform in verschiedenen Größen
- Ringschiene mit Platte, ø 20 mm

3

Jetzt kannst du die Blumen mit Zuckerguss überziehen, zu kleinen Doppelblumen stapeln und verzieren.

4

Zum Schluss kommt eine Portion Zuckerguss auf deine Ringschiene, die Blume setzt du oben drauf. Wichtig ist, dass du wartest, bis der Zuckerguss schön hart geworden ist, so hält dein Blumenring am besten.

Eiskalte Raketen

Tipp für dich:
Als Tropfschutz kannst du Muffin-Papierförmchen benutzen. Einfach ein kleines Loch in die Mitte des Förmchens schneiden und den Eisstiel hindurchstecken. So bekommst du keine Klebefinger und tropfst nichts voll.

Das brauchst du

Zutaten für 4 Personen:
- 250 g Erdbeeren
- 3 Kiwis
- 1 Mango
- 1 Limettensaft
- 4 EL Zucker
- Eisförmchen

Wenn die Sonne ordentlich vom Himmel knallt, ist es Zeit für Eisraketen. Dieses dreifarbige Fruchtsorbet kühlt nicht nur, es schmeckt auch noch richtig gut!

1 Dieses köstlich-kühle Vergnügen benötigt etwas Zeit, weil du die drei Schichten nacheinander gefrieren musst. Zunächst brauchst du einen hohen Rührbecher und einen Pürierstab.

2 Du startest mit zwei geschälten und kleingeschnittenen Kiwis. Gib 50 ml Wasser und 1 EL Zucker hinzu und püriere die Früchte, bis du einen schönen grünen Brei hast. Mit diesem befüllst du deine Eisförmchen zu einem Drittel – und dann ab damit für 30 Minuten ins Gefrierfach!

3 Jetzt wird die Mango geschält, klein geschnitten und zusammen mit 1 EL Zucker, 50 ml Wasser und 1 TL Limettensaft püriert. Das Mangopüree gießt du wieder zu einem Drittel in deine Förmchen über die gefrorene Kiwischicht. Lege dein Eisförmchen jetzt wieder für 30 Minuten ins Gefrierfach.

4 Die Erdbeeren pürierst du mit 50 ml Wasser, 2 EL Zucker und 1 TL Limettensaft. Mit dieser Masse füllst du den Rest der Eisförmchen auf. Wenn das Ganze nach weiteren 30 Minuten gefroren ist, kannst du deine Eisraketen aus den Förmchen herauslösen und den fruchtigen Snack mit Freunden genießen.

TÄTÄTÄTÄÄÄ-TORTE

DAS BRAUCHST DU

- 280 g Butter
- 200 g Zucker
- 1 Päckchen Vanillezucker
- 4 Eier
- 280 g Mehl
- 3 TL Backpulver
- 250 g Puderzucker
- 1 Handvoll bunte Zuckerstreusel

Der perfekte Kuchen für dein Lieblingsgeburtstagskind. Er ist ganz leicht zu machen und sieht trotzdem super aus!

1 Lass den Backofen auf 180 °C vorheizen. Inzwischen gibst du Butter, Zucker und Vanillezucker in eine große Rührschüssel und schlägst das Ganze mit dem Schneebesen des Rührgeräts schön schaumig.

2 Gib erst die Eier nacheinander in die Rührschüssel, dann folgen Mehl und Backpulver. Wieder alles gut vermengen. Die Kuchenform fettest du mit Butter und einem Pinsel gründlich ein, dann kannst du den Teig hineinfüllen.

3 Backe den Kuchen auf der mittleren Schiene für ca. 40 Minuten. Dann nimmst du ihn vorsichtig mit Backhandschuhen heraus und lässt ihn eine Runde abkühlen. Jetzt kannst du ihn aus der Form lösen.

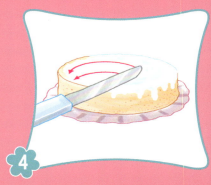

4 Verrühre den Puderzucker mit 2 EL Wasser. Der Zuckerguss sollte eher zäh als flüssig sein. Verteile ihn mit einem Löffel auf dem Kuchen und streiche ihn mit einem Messer glatt. Fertig ist dein Geburtstagskuchen!

SUPER SMOOTHIES

Diese köstlichen Obst-Getränke lassen Schleckermäulerherzen hochschlagen. Und das Gute ist: Sie sind echte Vitaminbomben!

DAS BRAUCHST DU

Grüner Monster-Smoothie:
- 1 Kiwi
- 1 TL Zucker
- 100 ml Wasser

Orangen-Mango-Powerdrink:
- 1 Orange
- Mango
- 1 TL Honig
- 100 ml Wasser

Erdbeerglück:
- 5–6 Erdbeeren
- 1 TL Zucker
- 100 ml Wasser

Bananen-Milchshake:
- 1 Banane
- 100 ml Milch
- 1 TL Vanillezucker

❶ **Grüner Monster-Smoothie:** Schäle die Kiwi, schneide sie klein und gib sie in einen hohen Rührbecher. Püriere sie mit dem Pürierstab zusammen mit 1 TL Zucker und 100 ml Wasser zu einem dickflüssigen Smoothie. Als Deko kannst du einen Marshmallow auf einen Papierstrohhalm piken und eine halbe Heidelbeere als Auge drauflegen. Sie klebt prima von selbst am Marshmallow.

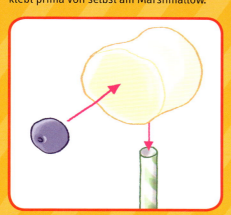

❷ **Erdbeerglück:** Befreie die Erdbeeren vom grünen Stiel und schneide sie klein. Püriere sie dann zusammen mit Zucker und Wasser zu einem dickflüssigen Shake. Als Deko kannst du z. B. Heidelbeeren und kleine Erdbeer-, Mango- und Kiwistücke auf einem langen Zahnstocher aufreihen.

❸ **Orangen-Mango-Powerdrink:** Presse die Orange mit einer Zitronenpresse aus, schäle die Mango und schneide sie in kleine Stücke. Beides in ein hohes Rührgefäß geben und mit 1 TL Honig und 100 ml Wasser pürieren. Für die Strohhalmblume schneidest du aus Tonpapier eine Blüte aus. Schneide ein 3 cm langes Stück von einem Plastikstrohhalm ab und schneide es senkrecht ein. Stecke erst das Stück Plastikstrohhalm über einen Papierstrohhalm und schiebe deine Blüte dann von unten nach. Fertig!

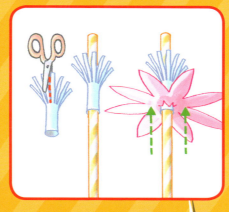

❹ **Bananen-Milchshake:** Schäle die Banane und schneide sie in kleine Stücke. Gib dann Banane, Milch und Vanillezucker in einen hohen Messbecher und püriere alle Zutaten zu einem cremigen Milchshake. Als kleine Extra-Überraschung kannst du deinen Shake mit Strohhalm und einem Zahnstocher voller kleiner Süßigkeiten servieren.

Schokolöffel

Das brauchst du
- Plastiklöffel in verschiedenen Farben
- 200 g Vollmilchschokolade
- Zuckerstreusel
- Zuckerperlen
- Zuckerherzen
- Zuckerkonfetti

Löffelweise Schokoladenglück – zum Verschenken oder selber Naschen! Wer kann da schon widerstehen?

1 Zerteile die Schokolade mit einem Messer vorsichtig in kleine Brocken. Nimm dazu am besten ein Schneidebrett. Dann gibst du die Schokostückchen in einen kleinen Topf.

3 Nun legst du dir die Plastiklöffel zurecht. Die Spitze des Löffelgriffs legst du auf einen einen Teller, so lassen sich die Löffelmulden später einfacher mit Schokolade befüllen.

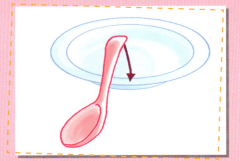

4 Lass die geschmolzene Schokolade etwas abkühlen und fülle sie dann in ein kleines Milchkännchen. Jetzt kannst du deine Plastiklöffel voll Schokolade gießen. Ein paar Zuckerstreusel deiner Wahl obendrauf – fertig ist das Schoko-Glück!

2 Nun wird die Schokolade im Wasserbad oder in der Mikrowelle geschmolzen. Für das Wasserbad füllst du einen Topf zur Hälfte mit heißem Wasser, gibst die Schokostückchen in eine kochfeste Schüssel und stellst sie in den Topf. Erwärme das Ganze bei kleiner bis mittlerer Hitze und rühre mit einem Löffel immer mal wieder um.

Tipp: Das Ganze sieht auch prima mit weißer Schokolade oder bunten Candy Melts aus! Und schmecken tut's auch!

Ist es nicht schön, jemanden zwischendurch einfach mal mit einem kleinen Geschenk zu verwöhnen? Und wie viel besonderer wird das Geschenk, wenn du es selbst gemacht hast!

Geschenkchen

Kullermädchen-Ketten ♥ Hübsche Hefte
Sternchen-Magnete ♥ Glanzlichter ♥ Samenbomben
Kaugummiautomat ♥ Trostpflaster
Schmetterlingsstift

DAS BRAUCHST DU

- je 1 Holzkugel, ø 30 mm, ø 25 mm, ø 15 mm und ø 10 mm
- Holzkugel in Pink, ø 10 mm
- Pompon in Pink, ø 25 mm
- Satinschleifen in Pink, ca. 3 cm lang
- Acrylfarbe in Hautfarben, Schwarz, Rot und Pink
- 2 x Schnur in Pink, ca. 50 cm lang
- Schaschlikspieß
- Sticknadel
- Pinsel

KULLERMÄDCHEN-KETTEN

Diese japanisch anmutenden Mädchen sind etwas ganz Besonderes, sowas haben deine Freundinnen sicher noch nicht gesehen! Wetten?

1 Stecke die Holzkugeln zum Bemalen auf Schaschlikspieße auf. Die beiden großen Kugeln malst du hautfarben, die drei kleinen schwarz an. Lass alles gut trocknen.

2 Zeichne mit dem Bleistift die Gesichter auf. Bei dem Mädchen mit zwei Zöpfen sind die Kugelöffnungen dabei seitlich. Bei dem Mädchen mit einem Zopf zeigt die Öffnung beim Zeichnen nach oben und unten. Stell dir einfach vor, wie die Kette später aussehen soll.

3 Male jetzt Haare und Gesichter mit Acrylfarbe auf. Den Mund zeichnest du am besten mit der Spitze eines Schaschlikspießes auf, die Augen kannst du mit der stumpfen Seite auftupfen.

4 Nun fädelst du die Perlen auf ein 50 cm langes Stück Schnur auf. Für die Kette mit Pompon nimmst du dazu eine Sticknadel. Fädle die Schnur ein und verknote die Enden. Fädle Perlen und Pompon in der richtigen Reihenfolge auf und schneide am Schluss die Schur oben mittig auf und ziehe die Nadel wieder heraus. Verknote die Enden, klebe die Satinschleife auf, fertig!

Hübsche Hefte

Schöne Hefte kann man gar nicht genug haben!
Sie eignen sich bestens als Tagebuch,
Skizzenheft oder Ideenbuch.

1

Lege ein Heft aufgeklappt auf den Stoff und schneide ihn mit 1,5 cm zusätzlichem Rand zu. Jetzt bestreichst du eine Heftaußenseite flächig mit Klebestift und drückst den Stoff darauf. Streiche alles schön glatt. Dann beklebst du die Rückseite.

3

Mit Nadel und Faden nähst du auf der Heftoberseite mittig einen Knopf oder einen Häkelblume mit Knopf auf. Dafür stichst du mit der Nadel durch Heft und Stoff. Wenn dein Knopf fest sitzt, verknotest du den Faden auf der Rückseite.

2

Schneide den Stoff an der Heftfalz oben und unten mittig ein und klebe die überstehenden Stofflappen innen im Heft fest. An den Ecken faltest du den Stoff zunächst und klebst ihn dann fest.

Das brauchst du

- Hefte, DIN A5 und DIN A6
- Stoffreste, je ca. 30 cm x 30 cm
- Schnur in knalligen Farben
- Knöpfe
- Holzperlen
- Häkelblume, ø 2 cm
- Nadel und Faden
- Klebestift
- Schere

Jetzt ist der Schnurverschluss dran. Dafür legst du die Schnur um Blume oder Knopf und knotest sie dort fest. Dann umwickelst du das Heft mehrmals mit der Schnur und fädelst am Ende zwei Perlen auf und sicherst sie mit einem Knoten.

Das brauchst du

- 300 g Modellgips
- Magnete, Stärke 5 mm, ø 20 mm
- Eiswürfelform in Sternform
- Acrylfarbe in Rosa, Pink, Hellblau, Hellgrün, Hellgelb und Weiß
- Messer
- UHU Alleskleber

Lass es für deine Freunde Sternschnuppen regnen! Mit diesen wunderhübschen Magnetsternchen gelingt das mühelos. Vielleicht können sie ja sogar Wünsche erfüllen ...

1 Den Modellgips in einer Schüssel nach Packungsanleitung anrühren. Dann ausreichend Gipsmasse mit einem Teelöffel in die Eiswürfelformen geben. Die Form ein paar Mal auf den Tisch klopfen, damit sich der Gips gut verteilt und keine Lufteinschlüsse entstehen.

2 Warte, bis der Gips ganz ausgehärtet und trocken ist (am besten über Nacht). Dann kannst du die Sterne aus der Form herausdrücken und mit Alleskleber die Magnete auf die Rückseite kleben.

3 Zum Schluss bekommen deine schicken Sternchen noch einen Anstrich mit Acrylfarbe.

GLANZLICHTER

DAS BRAUCHST DU

- Glanzbilder
- Basteldraht, ø 1 mm
- Teelichter
- Gläser in verschiedenen Größen
- Buntes Transparentpapier, DIN A5
- Klebestift
- Bändereste
- Holz- und Plastikperlen, ø 0,5 cm – 1 cm
- Zange
- Schere

Diese Glanzlichter sind perfekt für fast alle Anlässe. Pass einfach die Deko an und sie funkeln zu Weihnachten, Halloween oder zum Geburtstag.

1
Zuerst schneidest du aus buntem Transparentpapier einen ausreichend langen, ca. 7 cm breiten Streifen zurecht und klebst ihn mit Klebestift um die Glasmitte. Das Glanzbild platzierst du mittig auf der Vorderseite darauf. Jetzt schneidest du Draht zurecht. Der Draht sollte ca. 20 cm länger als dein Glasumfang sein. Am besten den Draht einfach um das Glas legen und abmessen.

2
Lege den Draht zu einem Kreis und verzwirble die beiden Enden miteinander. Dann um den Hals vom Glas legen. Drücke den Drahtkreis mittig an den Glashals und halte die Enden des Kreises zwischen deinen Fingern. Jetzt drehst du den Draht an beiden Seiten jeweils zu einer Schlaufe.

3
Schneide ein zweites, 20 cm langes Stück Draht zu. Darauf fädelst du nach Lust und Laune bunte Perlen auf. Den Perlendraht steckst du durch eine der beiden Schlaufen am Glas, verzwirbelst ihn und schneidest überstehende Reste ab. Auf der anderen Seite verfährst du genauso.

4
Zum Schluss knotest du noch ein paar Bänder als Deko an eine seitliche Schlaufe und stellst ein Teelicht hinein.

91

SAMEN-BOMBEN

DAS BRAUCHST DU
- 1 Becher Samen
- 5 Becher Blumenerde
- 4 Becher Tonpulver
- 1–2 Becher Wasser
- Seidenpapier
- Satinband

Flower-Power! Mach die Welt ein bisschen bunter und verschenke Samenbomben an Freunde, Verwandte und wer dir sonst noch so einfällt!

1 Mixe die Samenbomben am besten im Freien. Nimm eine ausreichend große Schüssel und schütte fünf Becher Blumenerde und einen Becher Blumensamen hinein. Welchen Samen du nimmst, bleibt dir überlassen. Im Gartencenter sind auch bereits fertige Samenmischungen erhältlich.

3 Füge gerade so viel Wasser hinzu, dass eine gebundene Masse entsteht und verknete alles schön miteinander, eventuell musst du mit der Wassermenge ein wenig experimentieren.

4 Aus der Masse formst du jetzt walnussgroße Kugeln. Lass sie ein bis zwei Tage lang trocknen. Dann kannst du sie in Seidenpapier oder Servietten einschlagen, ein Schleifchen darum wickeln und verschenken. Oder du wirfst die Bomben auf Grünflächen, denen ein paar bunte Blumen gut stehen würden.

2 Verrühre alles miteinander und gib noch fünf Becher Tonpulver hinzu. Durch das Tonpulver lassen sich die Samenbomben später gut formen, werden schön fest und bleiben in Form.

Kaugummiautomat

Das brauchst du

- Pappbecher, 9 cm hoch
- Plastikkugel, teilbar mit Aufhängung, ø 10 cm
- Schraubverschluss, ø 4 cm
- Holzkugel, ø 2 cm
- Fotokarton in Gelb
- Blumenknopf in Rosa
- Acrylfarbe in Rosa und Pink
- Motivstanzer Scalloped Circle, ø 3,2 cm
- UHU Alleskleber
- UHU Alleskleber Kraft

Bau dir eine zuckersüße Glücksmaschine im Kleinformat. Ein tolles Mitgebsel für Mädchengeburtstage!

1 Zuerst klebst du die Holzkugeln oben mit Kraftkleber auf die leeren Schraubverschlüsse und lässt den Kleber gut trocknen.

2 Dann malst du den Pappbecher und den Schraubverschluss samt Holzkugel mit Acrylfarbe an. Vielleicht brauchen sie auch noch einen zweiten Anstrich.

3 Mit einem Motivstanzer stanzt du je einen welligen Kreis aus Fotokarton aus und klebst ihn auf die Vorderseite deines Kaugummiautomaten. Darauf befestigst du noch einen Knopf als Verzierung.

4 Öffne die Plastikkugel, befülle sie mit Kaugummis und stecke sie dann wieder zusammen. Bohre mit einer Schere mittig ein Loch in den Pappbecherboden und stecke die Spitze der Plastikkugel-Aufhängung hindurch.

5 Von der Rückseite fädelst du ein Stückchen Draht durch das Loch der Aufhängung, damit die Kugel auf dem Becher hält und nicht verrutscht.

DAS BRAUCHST DU

- Pflasterstrips, 19 mm x 77 mm und 16 mm x 55 mm
- Stoffreste
- Filzrest in Rot
- Streichholzschachteln, 11 cm x 6,5 cm und 5,3 x 3,4 cm
- Masking Tape nach Wunsch
- Schere
- Klebestift
- Vorlagen

Vorlage S. 123

TROSTPFLASTER

Bei so schönen Pflastern ist jeder Schmerz im Nu vergessen! Die Pflaster trösten nicht nur dich oder deine Freundin, sondern auch Puppen, Teddys und andere kuschelige Mitbewohner.

1 Zuerst streichst du Kleber auf die Oberseite der Pflaster und drückst sie dann auf die linke Stoffseite deiner Stoffreste. Den überstehenden Stoff schneidest du ab. Je bunter dein Pflasterhaufen wird, umso schöner!

2 Jetzt ist eine hübsche Verpackung gefragt. Dafür nimmst du dir Streichholzschachteln und beklebst sie außen und innen mit Masking Tape. Schön bunt natürlich!

3 Zuletzt schneidest du dir aus rotem Filz zwei Kreuze zurecht und klebst sie auf die Schachteln. Fertig sind die Trostpflaster. Die großen Pflaster sind für Große, die kleinen für Teddys und Co. – oder umgekehrt. Kommt ganz auf das Wehwehchen an!

Schmetterlingsstift

Diese kleinen Geschenkchen kommen fröhlich angeflattert und versüßen garantiert Hausaufgaben und Schulalltag! Eine ganze Schmetterlingsschar für gute Laune!

1 Beklebe den Bleistift mit Masking Tape. Du brauchst dafür zwei lange Streifen, die du einmal längs entlang deines Bleistiftes klebst.

2 Stecke die Wattekugel auf einen Schaschlikspieß auf und male sie mit rosafarbener Acrylfarbe an. Farbe trocknen lassen. Dann zeichnest und tupfst du das Gesicht mit Acrylfarbe auf.

3 Aus gemustertem Fotokarton oder Geschenkpapierresten schneidest du nach Vorlage die Schmetterlingsflügel zurecht. Mit einem Cuttermesser schneidest du den Karton an der Markierung zweimal ein. Hier schiebst du später den Bleistift hindurch.

Das brauchst du

- Fotokarton gemustert, DIN A4
- Bleistifte
- Masking Tape nach Wunsch
- Wattekugeln ø 30 mm
- Acrylfarbe in Rosa, Weiß, Schwarz und Pink
- Chenilledraht in Grün
- je 2 Pompons in einer Farbe, ø 10 mm
- Bastelkleber
- Sticknadel
- Schaschlikspieße
- Schere
- Pinsel
- Cuttermesser mit Schneideunterlage

Vorlage S. 123

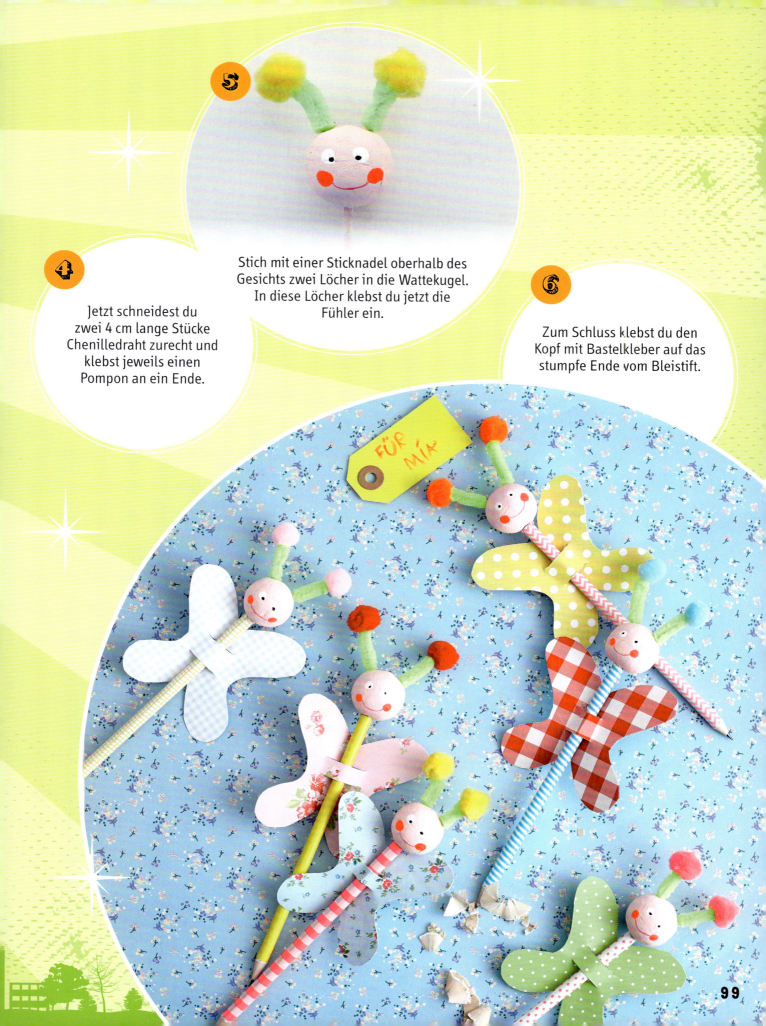

5 Stich mit einer Sticknadel oberhalb des Gesichts zwei Löcher in die Wattekugel. In diese Löcher klebst du jetzt die Fühler ein.

4 Jetzt schneidest du zwei 4 cm lange Stücke Chenilledraht zurecht und klebst jeweils einen Pompon an ein Ende.

6 Zum Schluss klebst du den Kopf mit Bastelkleber auf das stumpfe Ende vom Bleistift.

Feiern macht einfach riesengroßen Spaß. Noch mehr Spaß machen die besonderen Ereignisse im Jahr, wenn du sie auch noch durch deine eigenen Kreationen mitgestaltest. Nichts wie ran an Schere, Pinsel und Kleber!

Feierei

Ei-Verschönerungswerkstatt ♥ Hoppelhasennest
Verrückte Küken ♥ Überraschungsball ♥ Vampir-Shooter
Gespenster-Fräulein ♥ Schmucke Schneemänner ♥ Flippige Filzstiefel
Tortenspitzen-Engelchen ♥ Hütchen in Feierlaune

Das brauchst du

- 6 ausgepustete weiße Eier und 3 gefärbte bunte Eier
- Buchstabennudeln
- Acrylfarbe nach Wunsch
- Masking Tape in Neonpink, Neongrün und Neongelb
- Fotokartonreste in Weiß, Rosa, Gelb und Rot
- Wollreste in Rosa
- Permanentmarker in Schwarz, Rosa, Rot und Hellblau
- Lineal
- Cuttermesser mit Schneideunterlage
- Klebestift

Vorlage S. 123

Bühne frei für angehende Osterstars!
Diese freche Osterbande ist ganz bestimmt das Highlight jeder Osterparty!

1 Für die beschrifteten Eier suchst du dir passende Buchstaben für deinen Wunschschriftzug aus der Nudelsuppe zusammen und malst sie mit einem dünnen Pinsel an. Die bemalten Buchstaben lässt du gut trocknen und klebst sie mit Klebestift auf dem Ei fest.

2 Für die Eier im Streifenlook klebst du jeweils einen ca. 20 cm langen Steifen Masking Tape auf der Schneideunterlage fest. Mit Lineal und Cuttermesser schneidest du 1 mm dünne Streifen zurecht. Mit diesen umklebst du deine Eier dann kreuz und quer.

3 Hase, König und Prinzessin bekommen Gesichter mit Permanentmarker aufgemalt. Für die Prinzessinnenhaare wickelst du rosa Wolle um die Finger deiner ausgestreckten Hand, ziehst das Bündel ab und knotest mittig mit einem Stück Wolle eine Art Scheitel. Ab damit auf den Prinzessinnenkopf und festkleben. Die Kopfbedeckungen schneidest du nach Vorlage aus, formst sie zu einer Rundung und klebst sie hinten mit Klebestift zusammen. Dann wandern sie auf die passende Figur. Der König bekommt noch eine Fliege aus rotem Fotokarton und fertig ist die Osterbande.

HOPPELHASENNEST

DAS BRAUCHST DU

- 2 Pappteller ø 25 cm
- Wattepads
- Acrylfarbe in Hellblau und Rosa, Wolle in Hellblau und Rosa
- Wattekugeln, ø 3 cm
- Pompon in Rosa, ø 2 cm
- Permanentmarker in Schwarz
- Bürohefter
- Fotokarton in Weiß, DIN A4
- Bastelkleber

Vorlage S. 123

Dieses Hasennest bietet ordentlich Platz für eine extragroße Ladung Schokoeier. Wenn du magst, kannst du auch noch kleine Überraschungen darin verstecken.

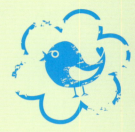

1 Zeichne auf der Rückseite eines Papptellers einen Halbkreis auf und schneide die Rundung aus. Ohren und Hasenzähne schneidest du der Vorlage nach aus Fotokarton zu.

2 Jetzt wird gepinselt. Die Rückseite des größeren Pappteller-Ausschnitts und die Ohren bemalst du mit Acrylfarbe und lässt sie gut trocknen.

3 Von den Wattekugeln schneidest du vorsichtig mit einem Messer ein Drittel ab. Zeichne mit Permanentmarker je ein Auge darauf.

4 Jetzt klebst du den halben bemalten Teller mit Bastelkleber auf die Vorderseite eines farbigen Papptellers. Mit einem Bürohefter heftest du die Ohren an.

5 Schneide aus Wolle zehn 20 cm lange Wollfäden zu. Lege sie übereinander und verknote sie mit einem Extrafaden in der Mitte. Das sind die Barthaare für deinen Hasen. Klebe sie mit Bastelkleber vorne mittig auf den halben Teller. Dann klebst du einen rosafarbenen Pompon oben drauf.

6 Jetzt klebst du die Hasenzähne und direkt darüber die beiden Wattebällchen auf.

VERRÜCKTE KÜCKEN

Diese entzückenden Osterküken sind nicht nur eine tolle Dekoration für den Osterstrauch, sie lassen sich auch prima mit kleinen Süßigkeiten oder anderen Überraschungen füllen.

DAS BRAUCHST DU

- 3 leere Klopapierrollen
- Acrylfarbe in Zitronengelb
- je 2 Bastelfedern in Rot, Gelb, Pink, Orange, Blau und Grün
- 6 Wattekugeln, ø 15 mm
- Fotokarton in Gelb, Orange und Pink,
- Schere
- Bastelkleber
- Permanentmarker in Schwarz
- Bürohefter
- spitze Bastelschere
- Pinsel

Vorlage S. 124

1 Zuerst bemalst du die Klorolle mit gelber Acrylfarbe und lässt die Farbe trocknen. Dann drückst du die Rolle an einem Ende zusammen und heftest sie am Rand mit einem Bürohefter.

2 Für die Augen malst du mittig auf die Wattekugeln je einen schwarzen Punkt mit Permanentmarker auf und klebst sie auf die Vorderseite. Schneide aus Fotokarton Hahnenkamm, Füße, Schnabel und Tragegriff zurecht und klebe alles mit Bastelkleber an Ort und Stelle fest.

3 Mit einer spitzen Schere pikst du an den Seiten mittig rechts und links ein Loch in das Küken. Hier kannst du dann die Federn einstecken.

Überraschungsball

Das brauchst du
- Krepppapierrolle in Hellblau, Orange, Pink, Gelb und Hellgrün
- Fotokartonreste in verschiedenen Farben
- kleine Geschenke
- Motivstanzer Stern
- Motivstanzer Kreis
- UHU Alleskleber

Gegen diese bunten Überraschungsbälle kommen die herkömmlichen Eier nicht an. Ein Geschenkchen als Mitgebsel für Geburtstagsparty, zu Silvester oder einfach so – diese Bälle sind der Knaller!

❶ Für diesen fabelhaften Überraschungsball schneidest du Krepppapier in 4 cm breite Streifen. Dann wird gewickelt. Wickle zuerst den größten Gegenstand kreuzförmig ein. Dabei wird so viel Oberfläche wie möglich überdeckt.

❷ Wenn der erste Streifen abgewickelt ist, befestigst du den nächsten mit einem Tropfen Alleskleber an dem Krepppapier und wickelst dann weiter.

❸ Dann kommt der nächste große Gegenstand dran. Achte beim Einwickeln aller Geschenke darauf, dass deine Überraschung am Ende eine Ballform haben soll. Kleine flache Geschenke wickelst du am besten zum Schluss ein. Das Ende des letzten Streifens Krepppapier klebst du wieder mit einem Tropfen Alleskleber an der Unterseite deines Überraschungsballs fest.

❹ Verziere die Überraschungsbälle noch mit je einem Kreis und einem Stern aus Fotokarton, die du mittig auf die Bälle klebst.

DAS BRAUCHST DU

- Pappbecher in Schwarz
- Luftballon in Schwarz
- Fotokarton in Schwarz, DIN A4
- Fotokarton in Weiß, 10 cm x 10 cm
- Bürohefter
- spitze Schere
- Bleistift
- Klebepunkte in Gelb, ø 20 mm
- Klebepunkte in Blau, ø 8 mm
- Bastelkleber

Vorlage S. 124

VAMPIR-SHOOTER

Diese Vampire fressen am liebsten Marshmallows oder bunte flauschige Pompons. Aber auch Konfetti oder Gummibären lassen sie sich zur Not gefallen!

1 Zuerst stichst den Boden des Pappbechers mit einer spitzen Schere ein und schneidest dann den Boden heraus.

2 Schneide die Fledermausflügel der Vorlage nach aus schwarzem Fotokarton aus und hefte sie mit dem Bürohefter an die Becherrückseite.

3 Zeichne zwei spitze Vampirzähne auf weißen Fotokarton, schneide sie aus und klebe sie mit Bastelkleber auf die Vorderseite des Bechers. Als Augen klebst du gelbe und blaue Klebepunkte auf.

4 Verknote den unaufgeblasenen Luftballon und schneide das obere Drittel ab. Stülpe das Ende mit dem Knoten über den unteren Pappbecherrand.

TIPP!

Jetzt musst du deinen Vampirshooter nur noch laden und du kannst nach Herzenslust Pompons oder Marshmallows durch die Gegend schießen.

Gespenster-Fräulein

Keine Mädchen-Holloween-Party ohne diese feschen Gespensterdamen! Sie sind superschnell hergestellt und machen ordentlich was her!

1. Übertrage die Vorlage auf weißes Tonpapier und schneide die Gespenster entlang der Linie aus.

2. Aus schwarzem Tonpapier schneidest du jetzt für jedes Gespenster-Fräulein zwei Augen und einen Mund aus. Klebe das Gesicht mit Klebestift auf.

Das brauchst du

- Tonpapier in Weiß, DIN A3
- Tonpapier in Schwarz, DIN A4
- Tonpapier in Rosa, DIN A5
- Schere
- Permanentmarker in Schwarz
- Schere
- Klebestift
- Nadel und Faden

Vorlage S. 124

Das brauchst du

- Weinkorken
- Acrylfarbe in Weiß
- Chenilledraht in verschiedenen Farben, je 7 cm lang
- Pompons in verschiedenen Farben ø 1,5 cm
- Filzreste in verschiedenen Farben, 1 cm x 15 cm
- Permanentmarker in Hellblau, Orange, Schwarz, Rot und Pink
- 8 Ringschrauben, 3 cm lang
- Nadel
- Pinsel
- Schaschlikspieße
- Bastelkleber

Diese reizenden Schneemänner fühlen sich an Tannenbäumen, Zweigen, am Fenster oder auch an Geschenken pudelwohl!

1 Stecke den Korken auf einen Schaschlikspieß und male ihn mit Acrylfarbe weiß an. Je nachdem, wie gut die Farbe deckt, braucht der Korken vielleicht noch einen zweiten Anstrich. Lass die Farbe trocknen.

2 Drehe in die Korkenoberseite eine Ringschraube hinein. Aus Filzresten schneidest du einen Schal zurecht und knotest ihn mittig um den Korken.

3 Aus einem Stück Chenilledraht und zwei Pompons bastelst du die Ohrwärmer für den Schneemann. Einfach Bastelkleber auf die Drahtspitzen geben und dann Pompon aufstecken.

4 Male dem Schneemann ein Gesicht und klebe die Ohrwärmer seitlich mit Bastelkleber an den Korken. Zuletzt fädelst du ein 25 cm langes Stück Schnur durch die Ringschraube und verknotest die Enden. Dann kann dein Schneemann den Tannenbaum schmücken!

FLIPPIGE FILZSTIEFEL

DAS BRAUCHST DU

- Bastelfilz in Gelb, Pink, Hellgrün und Türkis, 3,5 mm stark
- Bastelfilzreste, 40 cm x 50 cm
- Satinband in Gelb, Pink, Hellgrün und Hellblau, 6 mm breit, je 25 cm lang
- Borten- und Bänderreste
- Pompons in verschiedenen Farben und Größen
- Filzelement zum Aufbügeln
- Stecknadeln
- Nähnadel, evtl. Nähmaschine
- Garn
- Schere
- UHU Alleskleber

Vorlage S. 125

Für die Füllung dieser fröhlichen Stiefel ist der Nikolaus zuständig! Naschen darfst du dann!

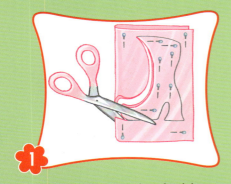

1. Zuerst machst du eine Vorlage für deinen Stiefel. Dann legst du die Filzlappen doppelt, steckst sie mit Stecknadeln fest, zeichnest den Stiefel auf und schneidest ihn aus.

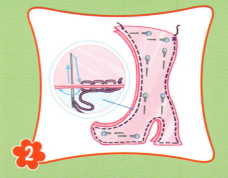

2. Jetzt kannst du die Nähnadel schwingen. Nähe gleichmäßig am Rand entlang. Das geht am einfachsten mit der Nähmaschine, funktioniert aber auch mit einer Nähnadel.

3. Als Nächstes stülpst du den Stiefel um. Das Satinband nähst du als Schlaufe am oberen Rand des Stiefels in der hinteren Ecke fest.

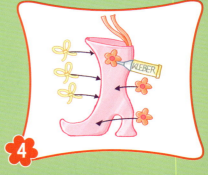

4. Nun kommt das Schönste: das Dekorieren! Alles ist erlaubt. Bänder aufkleben, Aufbügler aufbügeln, aus Filz Tannenbäume, Sterne oder Blumen ausschneiden und aufkleben. Im Nu hast du einen flippigen Filzstiefel, der sich sehen lassen kann!

TORTENSPITZEN-ENGELCHEN

Engelchen dürfen zur Weihnachtszeit natürlich nicht fehlen! Diese sehen in ihrem Tortenspitzen-Kleidchen ganz besonders schick aus.

DAS BRAUCHST DU

- 3 Figurenkegel aus Holz, 7 cm hoch
- Tortenspitze
- Fotokartonreste gemustert
- Acrylfarbe in Rot, Rosa, Hautfarben, Braun, Gelb und Schwarz
- 3 Ringschrauben, 8 mm x 3 mm
- Satinband in Gelb, Hellgrün und Hellblau, 7 mm breit
- Dekoband Vichykaro in Gelb, Grün und Blau, 5 mm breit, 20 cm lang
- Kastanienbohrer, ø 2 mm
- UHU Alleskleber
- Klebestift

Vorlage S. 125

1 Zuerst bemalst du den Kopf des Holzkegels in Hautfarbe und lässt ihn gut trocknen. Dann malst du mit einem dünnen Pinsel Haare, Augen, Mund und rosa Bäckchen auf.

3 Aus Satinband bindest du kleine Schleifen, kürzt sie auf die gewünschte Länge und drückst oder bügelst sie schön platt. Jetzt kannst du sie am Hals aufkleben.

5 Nun bohrst du mit dem Kastanienbohrer mittig oben auf dem Kopf ein Loch vor. Dort drehst du die Ringschraube hinein. Ein Stück Dekoband zurechtschneiden, durch die Ringschraube fädeln und fertig!

2 Von der Tortenspitze schneidest du nach Vorlage ein Kleid zurecht. Gib Alleskleber auf den Körper, lege die Tortenspitze einmal um den Körper herum und klebe sie auf der Rückseite zusammen.

4 Aus Fotokarton schneidest du nach Vorlage Flügel zurecht und klebst sie auf der Rückseite vom Engel mit Alleskleber fest.

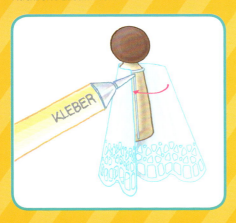

Hütchen in Feierlaune

Das brauchst du
- Krepppapier in Blau, Gelb und Rot, 50 cm x 250 cm
- Fotokarton gemustert, A4
- Gummifaden, transparent, ø 0,5 mm, 30 cm lang
- Bürohefter
- Schere
- Nadel
- Faden
- UHU Alleskleber

Vorlage S. 125

Ob Geburtstag, Silvester oder Sommerfest – diese Hütchen sollten auf keiner Party fehlen. Sie sorgen für einen Schwung knallbunter Feierlaune! Und ab geht die Party!

1 Aus Fotokarton schneidest du nach Vorlage das Grundgerüst für den Hut zurecht. Das Krepppapier lässt du eingerollt und schneidest einen ca. 2 cm breiten Streifen vom Ende der Rolle ab. Von der anderen Farbe schneidest du einen ca. 1,5 cm breiten Streifen genauso zurecht.

2 Lass die so entstandenen Krepppapierröllchen zusammen und schneide von beiden Seiten alle 0,5 cm ein kleines Stück ein. Dann kannst du sie auseinanderfalten.

3 Lege zwei Schichten von jeder Farbe aufeinander und hefte dann alle vier Schichten zusammen an den unteren runden Teil des Hütchens. Die Kreppgirlande biegst du nach unten, sodass man die Heftnadeln nicht sieht.

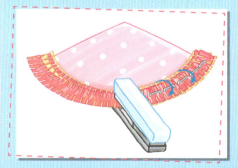

4 Mit der Nadel bohrst du an den gekennzeichneten Stellen zwei Löcher in den Fotokarton. Dann fädelst du das Gummiband von innen nach außen durch ein Loch und durch das andere zurück. Knote es anschließend fest und fixiere auch das andere Ende.

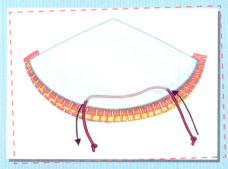

5 Jetzt rollst du den Hut in Form, lässt ihn ca. 1 cm überlappen und heftest ihn an der Überlappung fest.

6 Für den Pompon an der Hutspitze fädelst du Nadel und Faden in der Mitte auf und ab durch einen 10 cm Kreppstreifenrest. Alles auf den Faden aufreihen und ganz bis zum Ende vom Knoten schieben. Mit dem Faden bindest du den unteren Teil ab und verknotest ihn. Ziehe den Pompon oben auseinander und klebe ihn in das Loch in der Hütchenspitze.

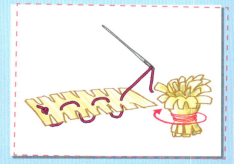

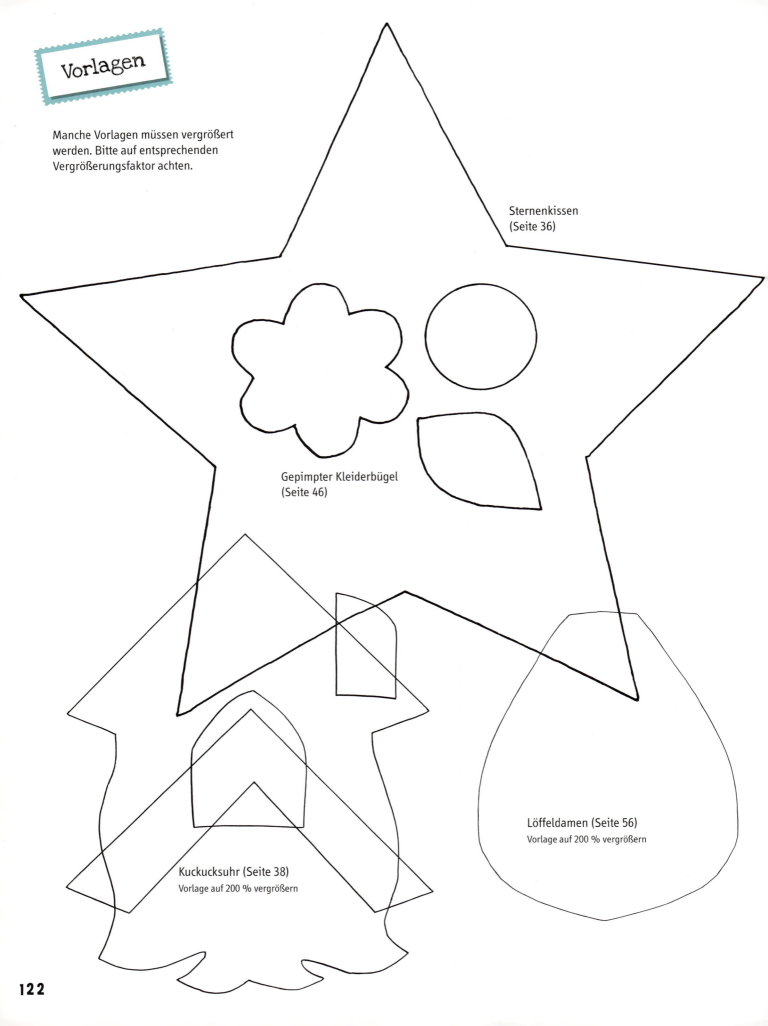

Vorlagen

Verrückte Kücken (Seite 106)

Gespenster-Fräulein (Seite 112)
Vorlage auf 200 % vergrößern

Vampir-Shooter (Seite 110)
Vorlage auf 200 % vergrößern

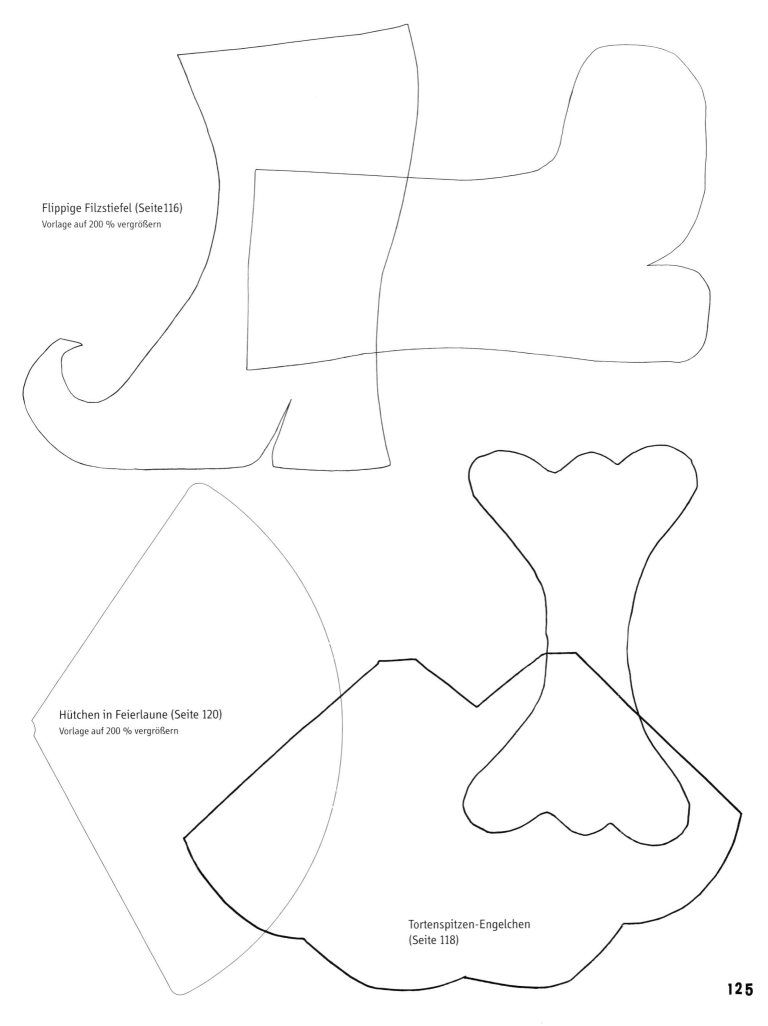

Buchtipps für dich

Noch mehr grandiose Kreativideen von Pia Deges findest du in diesen Büchern:

TOPP 5780
ISBN: 978-3-7724-5780-7

TOPP 5718
ISBN: 978-3-7724-5718-0

TOPP 3978
ISBN: 978-3-7724-3978-0

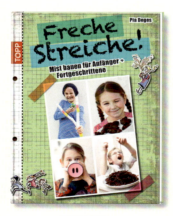

TOPP 5795
ISBN: 978-3-7724-5795-1

TOPP 5956
ISBN: 978-3-7724-5956-6

TOPP 5686
ISBN: 978-3-7724-5686-2

Du hast noch mehr Kreativwünsche? Dann wirst du in diesen Büchern bestimmt fündig!

TOPP 5959
ISBN: 978-3-7724-5959-7

TOPP 5675
ISBN: 978-3-7724-5675-6

TOPP 5764
ISBN: 978-3-7724-5764-7

TOPP 5797
ISBN: 978-3-7724-5797-5

TOPP 5692
ISBN: 978-3-7724-5692-3

TOPP 5995
ISBN: 978-3-7724-5995-5

TOPP 5682
ISBN: 978-3-7724-5682-4

TOPP 5961
ISBN: 978-3-7724-5961-0

Danke

Ein dickes Dankeschön für lauter schöne Glückspakete geht an Rayher (Laupheim), Rico Design (Brakel) und Efco (Rohrbach). Liebe Laura, dir herzlichen Dank fürs Mitmachen. Du warst super! Was habe ich für ein Glück, mit einem solchen Dream-Team zusammenarbeiten zu dürfen… Danke Angela und Michael… ihr seid großartig!

Impressum

Alle Modelle und Schrittfotos: Pia Deges
Fotos: frechverlag GmbH, 70499 Stuttgart; lichtpunkt, Michael Ruder, Stuttgart
Schrittillustrationen: Ursula Schwab
Konzept, Produktmanagement und Lektorat: Angela Vornefeld
Layout und Satz: Melanie Dahmen
Druck: Neografia, Slowakei

Materialangaben und Arbeitshinweise in diesem Buch wurden von der Autorin und den Mitarbeitern des Verlages sorgfältig geprüft. Eine Garantie wird jedoch nicht übernommen. Das Werk und die darin gezeigten Modelle sind urheberrechtlich geschützt. Die Vervielfältigung und Verbreitung ist, außer für private, nicht kommerzielle Zwecke, untersagt und wird zivil- und strafrechtlich verfolgt. Dies gilt insbesondere für eine Verbreitung des Werkes durch Fotokopien, Film, Funk und Fernsehen, elektronische Medien und Internet sowie für eine gewerbliche Nutzung der gezeigten Modelle. Bei Verwendung im Unterricht und in Kursen ist auf dieses Buch hinzuweisen.

1. Auflage 2015

© 2015 frechverlag GmbH, 70499 Stuttgart
ISBN: 978-3-7724-7506-1 Best.-Nr. 7506

Unser Service für Sie: Wenn Sie Fragen zu den Anleitungen in diesem Buch haben, schreiben Sie einfach eine E-Mail an: mail@kreativ-service.info. Wir helfen Ihnen gerne weiter.

Die Autorin

Schon als kleines Mädchen hat Pia Deges gern Sachen selbst gemacht und daran hat sich bis heute nichts geändert. Wenn sie nicht gerade auf Flohmärkten rumkramt, den Garten umgräbt oder durch die Welt reist, dann schreibt sie mit Begeisterung Bücher wie dieses hier....mit viel rosa Mädchenkram, Schnickschnack und Zuckerwatte für die Augen.